U0651556

游荡集

许知远 作品

湖南文艺出版社
HUNAN LITERATURE AND ART PUBLISHING HOUSE
博集天卷
CS-BOOKY

目　录

城市漫游者

沉默的记忆

自　　序

年轻时，喜欢为自己的书撰写序言。它是长期努力后的高潮一刻，满足一个征服者对自己的灵感、洞见和自得的故作漫不经心的炫耀；它也是一种虚弱，出于对文本缺乏真正的信心，必须在序言中更姿态鲜明，为全书赋予某种逻辑与意义。

这本《游荡集》，收集的是旅途中的意念断片，它们曾散落在航班的餐桌上，某个县城空荡的酒吧里，或者临时租借的公寓中，是自我感受和编辑催稿的合成品，灵感和细腻总是在仓促中跌跌撞撞。我曾以Jan Morris和奈保尔为榜样，他们皆周游世界、饱经人事，他们能在现实与历史间自由思考，能在写作中精确捕捉当下之情绪，并探测到它的过去与未来。我期望自己能和他们一样天真又老练。

事实上，我缺乏的是他们持久不衰的耐心。这些随机的断片，只是我更大野心的副产品，并未得到足够的注意力，它们更多源自强迫症般的记录欲——既然我在旧金山与横滨做了闲荡，与姜文在一个午后喝了威士忌，听一个香港人在特拉维夫唱了《我为祖国献石油》，何不把这些即兴的感受记下来？很可惜，我总是不信任即兴情绪，又习惯性地加入了各种材料。

我的编辑，不仅耐心收集了这些断片，还说服我它们颇有阅读的乐趣，会为中文世界新兴的旅行写作增添一丝色彩。我总是对类似的甜言蜜语——不管它显得多么没有基础——缺乏抵御力。况且，我那些自认更富系统的工作因为庞大而进展迟缓，我担心自己在抵达深度之前已丧失了灵活，我只能继续旅行，积累更多的断片。于是，我接受了这本书的出版，撰写了这则序言。

许知远

2019年5月3日 于东风乡

时代的预言家

灿烂的“野蛮人”

一

等候电梯时，突然想起一则旧广告。四幅照片并列，依次是一瓶伏特加、一辆劳斯莱斯、一张海明威头像，照片下分别写着酒、车、作家。我忘记了第四张，应该是广告主，它标榜自己就像前三者一样，在各自领域有着不言自明的号召力，符号价值甚至超越行业本身。

这个广告刊登在某一期《Life》杂志上，这份早已停刊的杂志是我视觉意识的开启者。尽管愤愤不平，我却不得不承认，一张照片有时的确抵得上1000个单词。这也是我们时代的特征，形象即实质，可能比实质还重要。

姜文的肖像也同时跳入脑海。倘若设计一幅类似的中文广告，或许可以用茅台替代伏特加，红旗变作劳斯莱斯，姜文取代海明威，他的肖像下同样可以写下“演员”或“导演”，不必做多余解释。

他们也的确不无相似。姜文咧开嘴的笑容、寸头、那对扇风耳，像胡子拉碴的海明威一样令人难忘。他们都英俊、才华横溢，具有高度个人化的风格；他们还乐于展现自己的雄性特征，是各自时代的男子气概的象征，有一种“野蛮人”的魅力。他们因此获得一种显著的无龄感，即使到了晚年，海明威还在竭力展现自己的活力，四处吹嘘可以让第4任妻子彻夜兴奋；当你说起姜文，很难意识到他已在舞台中央活跃了30余年，当同代人都被陷于某个具体时代情境时，他却总能激起新的社会情绪。

姜文的工作室就在亮马河旁的一座公寓中，它朴素、线条生硬，保留着晚期集体主义的夕照。他约我12点见面，吃一顿简单的午餐，再开始正式采访。他那迷人的妻子之前对我说，姜文是个害羞之人，需要一番心理预热，像所有姜文身边的伙伴一样，她称他为“姜老”，尽管私下也同样抱怨他难以控制的孩子气。

我不无忐忑，更需要这种预热。这与姜文在我青春期扮演的角色有关，也源于他的种种传闻，他桀骜不驯、一言不合就让对方下不了台，尤其是面对媒体时。

记得1995年夏天，高考结束不久，我与同学骑车穿过北洼路，去看刚上映的《阳光灿烂的日子》。马小军在屋顶上的流窜，背着军挎打架，镇完东单镇王府井的口气，还有米兰的丰满身形，牢牢刻在脑中。

这感觉熟悉又陌生。我们都成长于长安街沿线的军队大院中，对那些苏式建筑、领袖雕像、呼啸而来的少年，以及他们无处释放的荷尔蒙，再熟悉不过。它也是陌生的，北京已一头扎入新时代，动物们不再凶猛，暴力、闲散、狂妄都消退了，少年们着迷港台的流行文化，消费主义暗涌。

我们都处于青春的躁动与困惑中，经常牛仔裤配褪色绿军装，斜背着父亲留下的旧军挎，里面塞一本王朔的小说。这也是十足的虚张声势，我们压根不敢和隔壁班的性感女生搭讪，倘若碰到街头的小痞子，只会心怦怦乱跳，赶快骑车绕过。因为这部电影，姜文就像王朔、崔健一样，成为我们心中的文化英雄，他们大胆、个性鲜明，玩世不恭又充满真诚。

夏天结束了，我进入大学读书。波普尔、哈耶克、李普曼、加缪、胡适、陈寅恪……这一连串知识分子突然进入视野。我对他们的博学、道德坚持大为叹服，认定它比那种懵懂的青春冲动更值得追逐。我甚至开始反感王朔式语言，认同一位上海学者的分析——王朔在摧毁伪崇高时，也破坏了真崇高，他的反叛姿态背后，是对特权的迷恋。这也影响了我对《阳光灿烂的日子》的看法，成长起来的少年坐着凯迪拉克穿过长安街时，它像是对特权的另一次炫耀，他们昔日是北京的中心，如今仍然是。我开始着迷一种知识分子姿态，要批判社会，严肃、深刻、抽象化，而非玩世不恭。我不喜欢他们展露出的反智倾向。

姜文仍偶尔进入我的视野。1998年初夏，他在排演一幕名字很长的话剧时，一位记者朋友带我去探班。舞台上的他，气场依然慑人，他庞大而傲慢，令人同时心生羡慕和排斥。接下来，我买过盗版的《鬼子来了》，在电影院看过《天地英雄》，带着期待买了《太阳照常升起》的票。

我对《太阳照常升起》这部电影感受复杂。我没看懂一些段落，对另一些段落无比着迷。陈冲扭动的臀部，黄秋生所唱的梭罗河，都让我再难忘却。久石让的配乐在我脑中盘旋多日，也让我想起《阳光灿烂的日子》中的《乡村骑士》，姜文在无意中塑造了我的音乐趣味，我喜欢古典音乐多半源于他，且是这种抒情、甜美型的曲风。后来才知道在19世纪末的意大利，《乡村骑士》像流行歌曲一样流行。

“他写了一首诗”，我的一个朋友走出影院后说。这是2007年秋天的北京，我对诗没太多兴趣，一心要捕捉时代精神。北京正沉浸于一种亢奋中，20世纪90年代的少许闲散让位于技术、商业驱动的忙碌。对外部世界的谨慎试探变成对全球化的拥抱，即将到来的奥运会是这股潮流的顶峰图腾。让我兴奋不已的是对这历史性变迁的描述，分析一个大国崛起时的规模与力量，崛起背后的牺牲与阴影。姜文表现出的一切，显得过分私人化。它既没如《鬼子来了》一样获得国际奖项，也未在中国观众中激起广泛共鸣。我还记得一则报道，姜文怒斥了那些说看不懂的观众，他还不厌其详地罗列影片动用了多少飞禽走兽，空运了多少鲜花，铺设了怎样的轨道，连剧中的婴儿都是他刚出生的儿子等种种细节。他对电影有一种罕见的狂热，对每个细节都有偏执狂式的要求。他似乎做了一桌大菜，客人却不太动筷子，吃相不够尽兴。

3年后上映的《让子弹飞》走向了另一个极端，它激起了公众的情绪浪潮，创造了中国电影史上新的票房纪录。我却感到不安，比起《太阳照常升起》，这部电影中的一切都显得过分恰当，它的戏谑与嘲讽，与兴起的互联网话语系统不谋而合，它对人性与历史之解释，吻合了人们的普遍思维——中国社会、中国人一直如此。它如此聪明、如此消解、如此流畅，让人感受不到人与历史的质感。

它把姜文推到一个奇特位置。自1985年出演第一部电影以来，他似乎能通过影像俘获每一代中国人的心。在一个情感复苏、重新理解伤痕的80年代，他是屏幕上的末代皇帝、饱受屈辱的右派知识分子、情欲炽热的西北汉子……在那个电影是主要的娱乐与教育来源的时代，这些形象进入每一个家庭记忆，20岁出头的他就成为全民偶像。在急剧转变的90年代，他又成为倒卖衣服的小贩、鲁莽的书商、漂泊在纽约的音乐家，尽管此时电影院线衰落了，被录像机、VCD取代，但姜文仍进入千家万户。更重要的是，他还蜕变成横空出世的年轻导演，穿梭于威尼斯与戛纳。与20世纪八九十年代的国际视野中的中国叙事不同，姜文逃离了那些熟悉的意象——黄土地、历史创伤、被遗忘的边缘人……他在庆祝青春与力比多，尽管隐去了幕布背后的残酷与荒诞，在处理历史创痛时，用的是一种戏谑、超现实的视角。他已被称作“中国的马龙·白兰度”，也有潜质成为中国的赛尔乔·莱昂内或科波拉。

21世纪到来时，他遭遇了短暂挫折，如今却又回到舞台中央。电影再度成为大众文化的中心，与20世纪80年代不同，涌入影院的观众不再来自一个匮乏世界，他们都饱受过剩信息之苦，培养出老练消费者的挑剔。这挑剔并不意味着直线进步，它可能是新的盲从，甚至失去了匮乏时代的朴素，他们以为自己无所不知，把陈词滥调误作聪明。

一个沉浸在自己世界的姜文，却把握住了这股新潮流。这是令人惊异的成就，年轻一代的观众很少知晓《芙蓉镇》与《红高粱》，那是父辈记忆，按照时髦的说法，几乎算是古代了，与清朝、明朝没太多区别。姜文说“要站着把钱挣了”，他不容分说地把手摁在刘嘉玲胸脯上，他与周润发的斗智斗勇，他高速的、无厘头式的对白，快意恩仇后翩然离去的潇洒，都让年轻一代亢奋不已，这就是他们想过的人生，武断又自由。时年47岁的姜文不仅回到中心，还毫不费力再度成为男性荷尔蒙的象征，这象征与22年前的西北汉子不同，后者是莽撞、血性、不顾后果，如今则精明过人、全身而退。

也因此，《一步之遥》尚在拍摄时，就引发高浓度期待，一家新闻杂志连片花也没看过就评它为年度电影。姜文是始终蕴含高度矛盾又始终闪耀的存在，在一个迷恋大众与数量的时代，他表现出某种个人英雄主义；在被高度工业化的电影业中，他以彰显个性闻名；在娱乐人士都不同程度取悦媒体时，却总传来他激怒记者的消息；当崔健早已唱过“新的时代到了，再也没人闹了”时，他总是能以一种突兀的方式，引发议论与误解，引来无穷的仰慕。

与众人期待的不同，《一步之遥》引起的困惑要多于赞叹。它是一个充斥各种戏仿、隐喻、诠释、夸张、戏谑的后现代叙事，你必须了解足够多的电影史、导演的个人感受与思考，才能更好地进入，否则就像是精美却凌乱的拼贴，你要费力地与自己的分神纠缠。姜文以忠于自我著称，但这一次，这个自我很难让人区分，是华丽还是混乱。

二

人未出现，声已传来，浑厚、富有穿透力，还带着姜文式的不容置疑。我正在看那幅老北平地图，密密麻麻的线条与胡同名，通往另一个时空。这是《邪不压正》的发生地，经由《让子弹飞》中的鹅城、《一步之遥》的上海，姜文将民国三部曲的最后一站置于1936年到1937年的北平，一个侠客在暴风到来前夜的复仇与爱情。

研究地图也是为了去除不安。这个一推再推的采访，令我心生不满。姜文任性，他总是在一个时间确定之后，又推翻了它，不羁的心情，似乎连他自己都无能为力。而他身边的人，也乐于纵容这种任性。

作为一个媒体人、一个知识分子，或许还有男性身份，我对他有一种下意识的抵触，一方面想反抗他的优越感与骄傲和那种溢出的权力感，另一方面又对他充满钦佩。在重看他的一些影片时，我为他的才华惊叹，他如此年轻时就可以处理如此复杂多样的感受。你当然可以批评他的某些切片，却不能不惊叹他多年来创造力垒砌的高地。不过年长13岁，他好像比我多经历了好几个人生，在一个又一个经典形象和动人画面中自如穿越。

随着声音的传来，屋内气氛陡然变化。工作室和宣发公司的人顿时陷入慌乱，他们不清楚姜导将从屏风的左侧还是右侧穿过，场面失序，仿佛一场龙卷风将至。我突然想起曾看到过的一个描述：姜文在片场时像个“暴君”。

眼前的姜文不如印象中那么高，仍强壮有力，深蓝色的短袖T恤被撑满，少许的胡茬儿和鼻梁上架着的圆框眼睛又给人一种别样的气息。我们握手，寒暄，我的紧张突然消失了，刻意保持的镇定变成了真实的镇定，不知为何，我觉得这必定会是一次不糟糕的采访。

姜文表现出某种老派的周到，听闻我与张北海一起喝过威士忌，特意准备了一瓶Lagvulin 8年，它的泥煤味让我着迷。他还邀来我们共同的好友以使见面更为自然。不过，他主导性的风格与传闻中的一样，从寿司的吃法、伊顿公学、夏威夷的酒店管理到癌症治疗，他无一没有看法。所有人也习惯性地附和，他庞杂（未必准确）的知识、确信无疑的口气，让人不知如何应对，况且，人人也都知道与他争辩的结果。

访谈设置在客厅的窗前，我们并排坐在高脚凳上，前臂正好搭在长条案上，眼前是三里屯那些沉闷的高楼，午后的阳光正灿烂。这也是姜文的安排，他希望镜头对着他的后侧面。他把残存的威士忌倒入我的咖啡杯里，说镜头中有酒不好，访问就开始了。

我们的谈话从对时间的感觉开始。“你看，那是尼泊尔使馆，有各种塑料盆，养花、种菜。那边是沙特，他们连树也没有一棵。”姜文指着窗外说。这座涉外公寓与这些使馆一样，带着另一个时空的气息。

如何处理另一个时空，则是姜文创作中的永恒主题，不管是演戏还是导演，他都在展现一种历史意识。他却说，自己的时空是混乱的。“我没觉得时间重要，”他说，“我有时候在想，是不是拍电影把自己的脑子、把时间给搞乱了。”对姜文来说，主观的感受比客观的存在重要。《阳光灿烂的日子》拍摄于冬天，他让人用喷火器融化掉地上的冰，然后让演员脱下大衣，穿上夏装，尽管耿乐与夏雨背后的树甚至没有叶子，“你还是觉得很热，这已经扰乱你对时间的认知了”。真实很容易摆布，主观感受反而更为真实。对姜文来说，他的人生是按照参与的电影来编排的，所谓的现实生活倒退隐了。

他还说起新电影的创作源起，对老北平的看法，对民国的理解，他的历史意识的形成……总之，历史是一种不真实，是一个借口，你借用它来表达自己的感受。

我熟悉他的语气，它满不在乎，又在不经意间流露出自己智识与经验上的优越感。它是皇城人的自得与新贵们中心感的双重混合，一种下意识的俯视感，一种“这都不叫事儿”的劲头。少年时，我和同学们都曾刻意模仿。

我发现自己立刻被这语气所裹挟。就像马小军被那些更年长、果断的小混混吸引一样，我也希望自己和姜文来一番对答，充满北京大院子弟式的机锋。这令人愉快却也危险，彼此哈哈一笑后，往往什么也没说。比如说，我问他是否做自我分析，他说做，但比较难，就像揪着自己的头发向上拽，我又问他拽得怎样，他指着自己的光头说，这不是特意把头发剃了嘛。

这种机智把问题轻松划过，也回避了真实自我。这也是姜文令人好奇之处，在荧幕上表现出的一以贯之的才华、荷尔蒙与傲慢背后，真实的他到底是何样？他是用骄傲来掩饰不自信，用冲突来消除羞涩，用不断展现男子气概来压抑住自己的男孩气吗？

当说起母亲时，姜文突然温柔起来，他对无法处理好母子关系感到无奈与遗憾。《阳光灿烂的日子》中的小军妈，《太阳照常升起》中的疯妈，她们都强悍有力，令儿子不知所措。这或许也是姜文对现实困境的另一种表达。当他兴冲冲地拿着中戏录取通知书到家时，妈妈只是提醒，他还有一盆衣服没洗；当他想买一套新房给她住时，她拒绝搬出平房。他的所有努力与成就，似乎都赢得不了她的心。有那么一瞬间，我都想拍拍他肩膀，说一声，兄弟没事，都过去了。

这个柔软瞬间转瞬即逝，他立刻又变成了满不在乎、一切皆知的姜文。他不关心电影票房、不关心观众的反应，不关心媒体的批评，不关心传统的影响，一切皆是误读，艺术家只能表达自己。

我们在“传统”的问题上产生了争执。姜文以一种充沛的自信著称。他29岁前往美国，见到马丁·斯科塞斯、罗伯特·德尼罗时，没表现出任何不安，在与正当红的迈克尔·道格拉斯的合影上，身穿白色T恤的姜文挺着胸脯，带着自信的微笑。这是1992年，中国仍处于开放的初期，几乎所有中国艺术家与知识分子都处于严重的“西方焦虑”中。

这自信令人钦佩，或许也会导致某种封闭。姜文很少承认他人给自己的影响，除去赞扬过于是之的表演，他几乎从未提及传统——不管是中国的电影、戏剧传统，还是欧洲、美国的电影传统——对自己的影响。他的角色被谢晋、谢飞、张艺谋所塑造，他深受《美国往事》与《教父》的影响，《一步之遥》片头更是对它的戏仿，但他总致力于传达这样一种印象：他就是他，他孤立于时间之外。只是偶尔，他承认奥逊·威尔斯是天才，因为他25岁就拍出了《公民凯恩》，而他自己29岁才开拍《阳光灿烂的日子》。

当我追问传统对他的影响时，他反问说，什么是传统，是裹脚、不洗澡、卖孩子吗？当我说于是之、英若诚就是传统，他又反驳说，这在他心目中是“传奇”，是打破传统的“传奇”。我理解他的观点，又觉得他陷入了某种蒙昧。这与一代人的成长经验有关，他们的青春是在破坏，一种对传统的藐视中成长的，这给予他们一种特别的生命力，不为固有观念所困，敢于用各种“拿来主义”，尊重自我经验。可是谁也无法回避问题的另一端：他们往往误以为自己的经验就是全部经验，对更大的、可能迷失的世界心怀抵触。再与众不同的自我，最终都将进入一个传统的河流，所有人，不管你多么富有天才，都是在共同写一本世界之书。一个艺术家最成熟的阶段，不是在彰显自我，而是消除自我，融入人类文化的河流。

湖畔散步

哈金提议去湖边走走。梭罗的瓦尔登湖，离波士顿半小时的车程。他没有智能手机，不知Google Map，翻开庞大的印刷地图，确认2号路的转弯处。

瓦尔登湖比我想象中小得多，只要努力，我似乎也可以游一个单程。梭罗的小屋遗迹犹在，你可以辨清火炉、床与书桌的位置。

“我独自生活，在林中，离任何一个邻居都有一英里。”遗迹的铭牌上引用了《瓦尔登湖》中一句。

我从未对梭罗的隐居岁月产生过特别的兴趣。相较而言，新英格兰的文人中最吸引我的是爱默生。比起梭罗的遁世式的反抗，我更钟情爱默生式的呼喊——他要唤醒仍在沉睡的美国精神，把它从对欧洲的精神

与哈金在瓦尔登湖畔，2015年夏

依赖中解放出来。年轻时，我也曾希望扮演类似的角色，颇用心地读了他的那些雄辩滔滔的散文，着迷于其中神性与人性混合的崇高感。

我没对哈金说出这些。面对他，我总处于一种放松与紧张并存的情绪中。放松源于他的宽和性格、缓慢的语速，他英语发音中仍浓重的中国口音，当然还有他东北孩童式的“嘿嘿”笑声。紧张则是对自己的深切的不自信，我担心自己无法被作为一个严肃的同行对待，更重要的是，不能就他最钟情的诗歌展开交流。忘记是在哪里读到的，他说唯诗歌、小说才是真正的文学，散文、评论不需要太多的想象力，常是迫不得已之作。我偏爱的却是后一种。

2008年夏天，我在香港第一次遇到他。我们都是书展的演讲者，有几次共进晚餐的机会，我记得他罕见的谦逊，还有他清晰的政治立场——在国家与个人之间，他坚定地站在后者一边。

我读过他的《等待》，完全被他的洗练语言与文字间的情绪所折服，那种政治严寒之中的个人世界，对我来说，既熟悉又陌生。似乎没有一个中国作家充分又富有节制地表现过这样的中国——他们都普遍显得太喧闹了。考虑到他30多岁后才开始用英文写作，这成就更显惊人。我也记得他说起《等待》的书稿，他修改了40遍。对于那年的香港书展，除去一贯的炎热气氛，我也模糊地意识到一种新时代情绪的来临，个人在强大的集体情绪面前再度变得脆弱，缺乏价值。

接下来几年，我再没有见到他。但他的作品，长篇小说、故事集仍陆续读到，它们不再让我有初遇《等待》时的惊喜，却保持了一贯水准。对我而言，英文原作总比中文版更有吸引力，不知这缘于语言陌生感的吸引，还是我恰好能在他的英文中找到节奏感。在一段时间里，这节奏感是我的镇静剂，每当我觉得内心烦躁时，常从书架上抽出一本他的书，读上几段。他的作品像是个诚实、镇定又有些疏离的老朋友，陪你不急不慌地聊上几句。偶尔，这也激起你不恰当的雄心——或许有一天，你也可以这样写。他的英文写作，似乎充满了你熟悉的中国味道，而且没什么生词。

康拉德的英文怎样，纳博科夫的节奏又是如何？哈金常被归入这个行列，他们都来自另一个语言系统，却最终以英文小说闻名，为英语书写增添了新元素。

我们绕湖一周。梭罗时代的孤独感早已消失，情侣们在水中接吻，沙滩上读书的少妇与奔跑的儿童。哈金头戴Red Sox的棒球帽（我忘记问他，是否也是棒球迷），着蓝色竖条衬衫，用一把大伞作为手杖。“余华压根不愿意迈步子，阎连科倒是走满了一圈。”他喜欢带朋友到此地，也是尽地主之谊。自1985年来布兰迪斯大学读书以来，他在美国已经三十年，绝大部分时间都住在波士顿。他曾以为拿到博士学位后就回国，做一个英美文学的教授，或许业余还可以做翻译。突然到来的悲剧中断了这一切，他不仅留在美国，还准备进行一场“鲁莽”的试验，不仅移入一个新的社会、自然环境，还要移入它的语言深处。他竟成功了。他常觉得自己身处两种文化的边缘，但此刻，他为两种文化都增添了崭新的内容。

在湖畔，我们的谈话跳跃，他说起村上春树的语言中的音乐感；说起布罗茨基的轻浮，他承认这个俄国流亡者的散文很了不起，却不太看得起他的英文诗歌中刻意的押韵，也觉得他过分轻浮，把与一个希腊女人的床笫之欢也写入文字中（对这个说法，我略显迟疑，为什么不能写？）；还有宇文所安天才的唐诗研究，他自己也正着手一本李白的英文传记，他最初的文学兴趣正是从黑龙江小镇读到的唐诗开始的。

我们也说起了林语堂。哈金不仅属于康拉德、纳博科夫的传统，也属于容闳、林语堂的传统，他们都是中国人中的英文写作者，尤其是后者，曾在20世纪三四十年代的美国风靡一时。如果放在更大的一个范围，还有谭恩美、汤婷婷等，他们都是中国经验的书写者。他们的题材与风格也象征了中国的变化。林语堂描述的是一个深陷民族危机，却有强烈文化魅力的中国，谭恩美等描述的是那些广东移民的神秘的、风俗式的东方经验，而哈金的主要书写都集中于国家意志与个人选择间的紧张关系。

“林语堂能量大。”哈金说起后者浩如烟海的写作，他在中美间的外交作用、他编纂的英汉词典、发明的中文打字机，还有刚刚发现的《红楼梦》的英译稿。在中国，林语堂常被弱化成一个幽默散文作家，或许还不是最好的一类。

“在中国，人们讲究才华；在这里，能量（energy）才是关键。”哈金说起他初来美国时教授的话。比起写出漂亮的句子、段落，那种持续性喷涌的创造力才是关键……

一个诗人的转变

这一年的春天太快了，
不祥的签诗也抵不住它的速度；
光景饱满地催促，一刻都不愿挽留，
一件大事正期待着冬天。

——柏桦《水绘仙侣》

在一个突然被剥夺了幻象和光芒的宇宙中，人看起来是异邦的，是陌生人。他的流亡无法治愈，因为他被剥夺了一个失去的故乡或一片应许之地的记忆。这种人和生活之间的离异，演员和背景之间的离异，正是荒谬感。

——阿尔贝·加缪（Albert Camus）

《西西弗斯的神话》（*The Myth of Sisyphus*）

一

柏桦的电话打来时，是5月13日的下午。他的新书出版了，经过漫长的停顿之后，确切而言是15年，他又写出了诗篇。

我感觉得到电话那端的兴奋，声调依旧轻柔，语速却急促欢快。“书设计得很漂亮，”他说，“我马上寄给你。”若不是我主动提及，他可能都没兴趣告诉我，昨天的地震将他两架书震倒在地板上，他们全家露天过了一夜，我记得他那个眼睛清亮的儿子，有个和这个时代格格不入的名字——柏慢，在这个沉醉于速度的年代，他希望自己生命的延续者，缓缓前行。

我记得去年的8月，我旅行经过成都。在那个微热的下午，我们坐在府南河旁喝茶谈天。那是我第一次见到柏桦。

我第一次听到他的名字则是5年前。“我经常心怀感激，因为和中国最好的诗人住在同一个城市。”一个成都朋友对我说，他提到了这个名字。

但是，我对此缺乏感觉。除去几句流传一时的名句，以及北岛、顾城、舒婷这几个名字，我对于当代诗歌一无所知。我成长的20世纪90年代的大学校园，早已不适合诗歌容身，计算机屏幕上显示出的“Borland C++”和商业计划书里的市场分析，才是这个时代的密码。

所以，说来惭愧，对于一个诗人，我对他接近却是从他的散文开始的——它不像诗歌那样过分节俭，更容易理解。

> 1982年初春的一个夜晚，我至今仍记得我曾惊惧于我悬而未决的诗歌命运。1983年初春的另一个夜晚，我惊喜地得到一本由钟鸣编辑的《外国现代诗选》汉译打印稿。1984年夏日的一个黄昏，我在欧阳江河家中读到荀红军译的帕斯捷尔纳克（Boris Pasternak）的《二月》，深为震动。1985年，又是一个初春的夜晚，在重庆北碚温泉的一间竹楼里，室内如此明亮，而楼道外却一片黑暗，对面是可怖的群山，下面是嘉陵江深夜的流水，夜雾迷漫、新鲜而湿润，一切似乎都伸手可及。北岛在为我们谈论“今天”的旧事，人、岁月、生活，一个诗人的旅程……而此时洗手间的水龙头未拧紧，水滴落入白色脸盆发出的声音让我既惊叹又迷离，那声音犹如1981年10月《表达》的声音：“水流动发出一种声音／树断裂发出一种声音／蛇缠住青蛙发出一种声音／这声音预示着什么呢？”……

这是柏桦为北岛的《时间的玫瑰》所作序言的开头，题为《回忆：一个时代的翻译和写作》。我整段引用了它，是因为我忘不了它给我带来的阅读快感——既紧张、动情、富有韵律，又充满了节制。以至如今我竟忘了书中内容，只记得序中这个段落。

此后，我在香港大学的书店买到一册《左边：毛泽东时代的抒情诗人》，并对其中有关梁宗岱的记述印象深刻，还有他在20世纪80年代那些性格各异的诗友——诗歌是他们打破生活的沉闷的武器，他们则是时代的英雄。

但在府南河旁，我们谈论了一下午的不是诗歌与往事，而是海外汉学研究。从费正清、谢和耐（Jacques Gernet），再到列文森（Joseph R. Levenson）与史景迁，在西南交通大学，柏桦为学生教授这些内容。

表面的意外之下，是某种毫无悬念的联系。对柏桦这一代来说，滋养他们的养分不正来自西方吗？波德莱尔（Charles Pierre Baudelaire）令他难安，为菲利浦·拉金（Philip Larkin）的镇定、细致、精确而击节……正是通过翻译别人的声音，他们这一代才寻找到自己的声音，并创造出汉语的某种新的组合与节律。

20世纪后半叶的中国是一个加速断裂、自我封闭的岁月，出生于1956年的柏桦发现，即使要了解自己的国家，他所能借助的材料也经常来自异域。日后，我读到他那首《在清朝》，而它受惠自费正清。

那个下午，我们喝了几杯茶，瓜子皮撒了一桌子，又在一家只有矮凳的餐厅用辣椒把自己弄得满头大汗。柏桦穿着松垮短裤与T恤，已是“知天命”的年纪，有了中年的沉稳与安宁，脸上却带着一丝少年式的不问世事。他提到了一项差不多完成的大计划，算得上他的转型之作。我依稀记得它与冒辟疆、董小宛的故事有关，形式也将有所创新。他自信地说，它将会颠覆很多人的观念。

二

那次成都见面后，我接到了他的邮件，里面是他这项新尝试的初稿。或许是因为不习惯在计算机上阅读，或者干脆是对另一段明末清初的故事缺乏兴趣——柳如是的故事，我也从未有耐心读过。

倒是他送的那本十年文选《今天的激情》，我经常翻阅，并总是被其中一些段落打动。我会想象那个鲜宅里的敏感儿童，或是扬州冬日里他冻红的脸……是的，我喜欢他陡峭的汉语，它或许也受到菲利浦·拉金的影响吧。但是我总能在这些完全西化的句式中读到一丝冬日的萧瑟，或傍晚的惆怅，那感觉像是山水画或是庭院深深。

在这本书里，柏桦也诚实地、如魔咒式地说出了，20世纪80年代的那个意气风发的诗人为什么停笔了，那是在对皂角山庄的回忆里。“一个更强大的春天来临了，山庄主人彻底放弃了对‘肾脏’的偏爱、沉思和研究，紧急投身春天的‘市场’，念经的老妇人也去老君洞赶制面条，叫卖于游人；戴眼镜要钱的少年身穿牛仔裤问我要不要打火机……”柏桦写道，看着一场时代的飓风就这样不可阻挡地刮来，而他则觉得“有一种不可言说的生存的危险埋伏在前面，无声地等着我……写作的英雄时代已经作古了，写作似乎变成了一件痛苦的工作……属于诗人呼吸的空气越来越稀薄了……”。

但或许只有在稀薄的空气中，才能辨别到底谁才是真的诗人。如今，你在中国最大的图书网站当当网的查询栏中敲入“柏桦”这个名字，会跳出五十几项查询结果。其中只有几本他的、或与他相关的诗集或文选，剩下的则是《艾凡赫——世界文学名著青少年必读丛书》《中国古代刑罚政治观》《新华商精英素质透析》或是《善用机会创造成功》……

不要怀疑这仅仅是重名，很有可能，它的确是“这个时代最重要的抒情诗人”的作品。在20世纪90年代的大部分时刻，他依靠编纂各种流行出版物维生。他还训练出一种熟练技巧，如果需要，能够用剪刀、糨糊每年编上几十本这样的书。

我不知这是否会伤害他对文字的敏感。1992年之后，社会风物的确大为转变，从城市的建筑到人们的内心，它们都不再有空旷、游荡之感，不再能激发起柏桦的诗情。

他需要另一种精神的刺激。在年轻时迫不及待巡视了欧洲与美国之后，重回中国传统是个必然而又充满期待的诱惑。况且，他天生就是个怀旧的人，即使在欧洲作家中，他偏爱的仍是蒲宁（Ivan Bunin）、契诃夫（Anton Chekhov）这一类。

我不清楚他的这些阅读与思考经历，他日渐增加的年龄、日趋稳定的生活和成为父亲的经验，会给他的心境带来怎样的改变。而他重回中国传统的努力必然困难重重，一方面他与那个古典世界早已相去甚远，“现代生活已不是这个样子”；另一方面，他还要对此进行现代诠释——僵化的古典并无太多意义。

最终，我看到了这册《水绘仙侣》。

三

从成都寄来的样书，我一直没有收到。在我们通电话之后的三周里，来自地震灾区的悲伤、忙乱、同情、热忱笼罩着整个中国。作为一名新闻记者，我前往了四川。那次与柏桦见面喝茶的前一天，我的旅行刚刚经过此次受灾最严重的北川县。

经过成都时，我曾想柏桦此刻正在作何想？一个诗人的反应是否与旁人不同？

这个以富庶、悠闲、漂亮女人和满城麻将声著称的城市，正在恐慌和平静之间摇摆，人们正在练习如何用最快的速度从楼上跑到空地上、在帐篷里过夜，不过这不影响人们在空地上支起一张张桌子，桌面上，4杯茶，4个人，8只手，144张麻将牌，正和谐、高速、一刻不停运转着。它很容易让我想起柏桦的诗句“牛羊无事，百姓下棋”……

这个国家太庞大、太有耐心了、生命力太顽强了，它似乎可以消化一切灾难。如今的成都平原，人口稠密。但是4个世纪之前，在明朝末年的起义者张献忠带来的劫难中，本地人口几乎被清洗一空，以致鲁迅在300年后读到《蜀碧》时，仍脊背发凉。但只要和平再度恢复，“湖广填四川”的移民开始，不用两三代人的时间，就再次将这里变得人口昌盛、商业繁华。在制造安逸的生活、丰沛的物质方面，中国人的能力似乎无人能及；而那些灾难，不管它多么剧烈，总是被淹没在迅速恢复的日常生活中。

是因为我们的精神世界缺乏形而上的传统，而现实的生活太过动荡不安，我们唯有将注意力放在眼前的生活上？还是因为我们在那些源源不断、精益求精的物质世界，可以寻找到足够多的精神满足？

类似的问题一直困扰着我。两三年前，当我开始观察中国时，总是惊叹于它的耐心、韧性、灵巧与自足，但是它的傲慢、投机、贪婪、自我欺骗也从未停止过激怒我。

这是我对传统中国态度的一次反动。更年轻时，我深受“文化虚无”和“激进西化”论点的影响——传统的中国充斥着黑暗，最好抛弃所有，拥抱一个由外来观念构造的新世界。但随着年龄增长，这种想法开始改变了。不知是因为理解力的增强——你不可能完全扔掉自己的过去而变成另外一个人；还是因为个人身份的觉醒——你注定是中国人，把自己民族的昔日说得一无是处，你也会失去今日在这个全球化的世界的落脚点。

我开始不自觉地拥抱了另一种思维上的时髦——“五四一代”与《河殇》式的激进反传统，是错误而愚蠢的，它们是单一的革命话语的温床，而正是这种思维上的激进与单一造成20世纪中国的悲剧。于是，另一个中国传统浮出水面，它不是人吃人的黑暗，而是山水画、诗词、木制建筑、菜谱、竹林、人构成的典雅、精致的世界……

我知道这种角度漏洞百出。首先，我根本难以定义传统。中国历史如此漫长，先秦与汉代不同，唐朝与宋朝也差异重重，明清又是另一个模样……用一个笼统的“中国传统”来说明一切，实在过分粗暴了。它不自觉掉入了“那个”窠臼里——中华文明是静止不变的。而且，这传统是政治的还是知识方面的，是艺术还是生活方式上的，是士大夫的还是平民的？当这些前提被严格定义之前，“传统”是可以被随意曲解、被选择性使用的。

当“传统”的丰富性与复杂性被忽略时，我们很可能就容易用非黑即白的方式来对待它，也相信它可能被埋葬与发生断裂；或者是通过片面的美化与丑化，来为此刻的需要所用。但事实上，在这些复杂性被严肃而细致地探讨之前，对传统的滥用很可能变成了一个溺水者的拼命挣扎——他手舞足蹈地越厉害，下沉的速度就越快。

四

柏桦肯定理解我头脑中的这些混乱与困惑，想必他也经历过类似的感受吧。从四川回来3周后，我才开始阅读《水绘仙侣》。我要把自己的注意力从灾难新闻的嘈杂中，牵引到400年前的江南。

我对这本书的态度是矛盾的。在白色亚光纸的封面上，是淡蓝色的水面与树影，画面上的氤氲是典型的Photoshop的产物。这是封面设计者眼中的往日江南，但它带有这个技术年代的痕迹——做作、不真诚。

正文是由两部分组成。11页的长诗和超过200页的对长诗的注释。对于诗，我依旧缺乏把握能力，于是一直在读那些一段段短文构成的注释，在形式上有点像是《米沃什词典》。

这本书的意图，在我们第一次见面时，柏桦就已清楚表明了。那是对他成长年代的革命式、政治化的语言与思维的一次背叛。一个世纪以来的中国知识分子与艺术家在“救亡”的旗帜下，内心焦虑、脚步慌乱，他们偏爱宏大，而鄙弃细微。

通过一册《影梅庵忆语》，柏桦试图重构另一个语境——冒辟疆与董小宛居住的水绘园。在其中，即使面临王朝覆灭、国家崩溃，你依旧可以从容不迫享受山水、美酒、佳肴、丝竹、古籍与爱情……在兵荒马乱中，一对男女也可以精致地“做一份人家”。你可以用个人的独立与胜利，来对抗外部整体性的坍塌。

重构另一个语境的努力，也流露在柏桦使用的语言上。菲利浦·拉金式的消瘦收敛了，他试图在古典中文与现代汉语之间，寻找到某种新的融合。

但是，坦白而言，这些诗句，尤其是那些注解短文，没给我提供期待中，也没有意外中的阅读感受。有时，在那些文字中，我读到了一丝说明文的味道，似乎像个学院先生一样，向我解释一个概念。他诗人式的情感与洞察力，似乎暂时退隐了。

在一些偶然段落，我又读到了那个我迷恋的柏桦。比如第150页关于“白夜”的注解。“俄罗斯的‘白夜’，帕斯捷尔纳克的‘白夜’，是‘寒意侵袭着我们’，是单薄的两个人与国家机器相抗衡，那是一种惊世骇俗的力量。但水绘园的白夜，是花前月下，一对神仙眷侣及一群好友轻轻地生活，不打扰人家，亦不回应时事。他们只为自己的似水流年、如花美眷而生活着，做一份人家。”这也是他对于自己转变的解释，“没有对抗，只有隐逸”，那个俄罗斯与波德莱尔式的热血、燃烧，变成了“孤云独去，众鸟高飞”——柏桦相信，这正是中国的语境与感觉。

像多年前一样，我仍不知怎样去品评诗句。我感觉得到柏桦努力而真诚的尝试，但我也感觉得到他的尴尬：他想丢弃自己熟悉的节奏、情绪、意象，但同时新的精神资源却尚未丰沛——在此刻的中国，回到或借助晚明中国的语境，谈何容易。就像江弱水在序言里提到的，社会动荡、军事侵略、政治肃杀、环境污染，早已让江南只存于故纸之上了。

我还不由自主回到了一个知识分子的眼光。我对于冒辟疆的个人故事，没有那么多的向往与同情；我也无法同意柏桦用布罗茨基的“美学高于伦理”来为逸乐辩解，这句话经常被滥用，在布罗茨基的诗句中存在着高度的精神严肃性与伦理上的自觉，它们与中国式逸乐中的逃避、沉溺截然不同。

伴随我对这本《水绘仙侣》阅读历程的，还有谢和耐所著的《蒙元入侵前夜的中国日常生活》、卜正民（Timothy Brook）的《纵乐的困惑》和戴仁柱（Richard L. Davis）的《十三世纪的中国政治与文化危机》。尽管3位作者都有着典型的汉语名字，但事实上他们是分别来自法国、加拿大、美国的汉学家。前两本也是柏桦在书中不断引用的素材之一。可惜我没去翻阅胡兰成的作品，那是柏桦这本书最重要的精神资源之一，这个民国才子一心要在乱世中仍持有从容与审美，却沉醉其中而忘记了变节的耻辱与危险。

我无法把这些书的内容展开。但是，我在这3本书中读到了某种一以贯之的东西。13世纪，也正是南宋末年，蒙古入侵前夜。对汉人来说，那是个国家将灭的时代。但这不妨碍汉人将偏安的杭州城建设成世界上最繁荣的城市，人们在其中沉醉不知归路，就像谢和耐写到的“直至兵临城下之前，杭州城内的生活仍是一如既往的悠哉闲哉”。平民的生活如此，而朝廷之上，文人官僚们则分成主战派与主和派争论不休。他们或许立场不同，但其思维方式却极为相似。主和派不理会危险的迫近，只将头埋进享乐的沙堆中；而主战派也同样不理会现实的困难，只将所有的热情释放到语言的快感里，他们盲目表达自己的道德高度与情感愤怒，却没有兴趣将这种愤怒转化成具体的行动。

蒙古人最终到来了，精致、典雅的宋朝覆灭了。同样的情景似乎在4个世纪之后再次上演。来自北方的民族再度到来，风雅、成熟、富足的明朝再度失去了响应的能力，甚至文天祥式的抒情式英雄主义都消失了，文人的领袖钱谦益投降了，而冒辟疆，不管他有多么潇洒的形容，多么男性化的名字，在稍做努力之后，仍旧退回到个人世界里。

我无意、也厌恶用道德高下去审判什么人。但是，我相信在那些文人推崇的精致、风雅中，必定早已埋下了溃烂的种子。它使得那些美缺乏力量，使得自由带着某种麻醉……我直觉到这种文化情绪中的虚伪与不真诚。这种虚伪和不真诚，既无助于守住江山，可能也妨碍创造出更伟大的作品；它也使得文字的世界和现实的世界相去甚远。书生们在纸上幻想出一只狐狸可以幻化成佳人，或是慷慨激昂的诗词足以击溃来犯的敌人……我甚至怀疑在《影梅庵忆语》中，冒辟疆的多少回忆是真实的，而不是自我欺骗的。

我担心这些怀疑惊扰了这本书的诗情，对现实环境的感受再次干涉了我对于文学的理解。或许是因为，我们再次身处一个逸乐的年代。的确，遍布中国的卡拉OK、洗浴中心、高级餐厅，不再有水绘园中楼台水榭的精巧，而流行歌曲不再似江南丝竹的清幽，那些被LV、CHANEL武装的姑娘，再不比秦淮八艳的风华绝代……但是，谁能说其内在气质不是一脉相承呢？人们不都是以外在之物来搪塞自己内心更深层的渴望，来回避本应痛苦的挣扎和求索吗？

在回避内心深层的痛苦上，中国人的确如谢和耐所言，我们“很有一套处世的哲学”。正因如此，回到个人的小世界，不是为了培养真正的独立精神，也无力确认一套与公共原则不同样的私人原则，而经常变成了一种逃避的借口。即使在对美的追逐中，个人都不是变得更坚强，而是更脆弱了。

我已经离题过远了。柏桦的新书，或许未能带给我期待的阅读感受（期待一个作家满足读者的感受，又是多么的愚蠢和偏狭），但它的确激起了我某种求知的热忱。而引诱人们去探索自己命运中更深刻的意义和不幸，不正是一个诗人最重要的工作吗？

中国的味道

一

两碗黄酒之后，高信疆谈兴渐浓。他穿中式蓝色对襟褂，向后梳理的头发一丝不苟，其中黑、灰、白夹杂，架在鼻梁上的镜框足以遮住四分之一的脸，他的面色变红，皮肤微微沁出汗来。

他回忆起胡适与雷震，李敖和陈映真，在吃了一口黄瓜之后，还品评了古龙与金庸。谈起20多年前的某一夜，古龙将他从溢满冷水的浴缸中强行拽出，他已喝了5瓶烈酒，浑身燥热，倘若任性睡去，就可能一别人间。

他声音浑厚，叫我把西红柿酱递过去时，大声称我“知远兄”。他还摔倒在从客厅前往卫生间的地板上，然后摆摆手说没事，似乎对超过60年历史的身躯毫不在意。

这是2007年的冬天，我们坐在北京市西坝河南路的一间公寓里吃炸酱面。公寓位于二环与三环间，与商业中心尚有距离。窄窄的西坝河安静地流淌，小路上的那间医院令人想起了集体主义的年代。这种安静在此刻的北京分外难得，这座城市变得太快了。20年前，清晨街道里都飘着豆浆与油条的香气，小巷的拐角还堆放着大白菜，但如今的浓重雾气中是一座接一座的钢筋混凝土、落地玻璃窗的大楼，亢奋却乏味。沃尔玛超市提供了海水一般充沛的货品，层出不穷的时尚杂志，无穷尽的网络信息，是此刻生活的写照，一切似乎都被卷入了速度与数量的旋涡中。

大约10年前，我就知道他的大名，那时我还是一名浑浑噩噩的大学二年级学生。他是和一连串名人、报刊、事件的名字共同进入我的视野的——陈映真、白先勇、李昂、《中国时报》、乡土文学、美丽岛事件……我尚搞不清这些人的年龄、成就与关系，仅仅知道在20世纪80年代的台湾转型中，他们是不可忽略的知识分子名录中的一部分。

那时候，爱伦堡（Ilya Ehrenburg）的回忆录《人·岁月·生活》也在同学中流传。除去他早年在巴黎的浪荡岁月让我们心醉神迷外，我们也都喜欢书封上所提到的“解冻”两个字。我们还太年轻，体会不出当爱伦堡将这些青春记忆在20世纪60年代公之于众时，它引起一代人内心多么强烈的骚乱。斯大林年代的流放、杀戮所激起的恐惧，无所不在的政治宣传带来的单调，冻结与麻木了两代人的心灵。如今，他死了，一个时代结束了。直截了当地去揭露真相，是一种反抗方式，它升腾起人们摧毁这种制度的强烈欲望。而重新去探讨生活的意义、展现生活的另一种可能，也是一种方式。既然专制体制带来的是恐惧、禁锢、麻木、单一、丑陋，那我们就努力让自己体验自由、敏感、欢乐、多元与美。

那一代苏联人的内心骚乱，在十年后又毫无障碍地传导到中国。当这本回忆录的节译本在20世纪70年代传入中国民间时，它影响了一代知识分子的成长。到了我这一代时，它仍动人，但阅读的狂喜已然不复存在，1997年的中国已和1977年的中国大不一样，那个彻底匮乏、压抑的年代已经消失。但是，它却没有彻底地过去。“解冻”这个词仍在心中泛起奇妙的涟漪——听到冰层的破裂的清脆，看到耀眼阳光下的消融，蕴含着无限的希望与生命。

而高信疆和他所属的一串模糊的名字与事件，是另一种“解冻”的呈现，它比爱伦堡更让我感到亲切。蒋介石在1975年的死亡，暗示着戒严年代的末日。曾经生活在强烈政治阴影下的台湾社会的思想生活开始松动。倘若雷震、殷海光、李敖意味着黑暗之中的一道亮光，是力量悬殊之中的个体的悲壮和勇气，那么到了70年代末，分散的力量正在被汇集到一处，孤立的个人找到了组织，各种个人、团体的主张与手段或许各不相同，他们是小说家、新闻记者、环保分子、政治活动家、艺术家，但他们却有着共同的敌人——政治专制。正是在这种对抗中，他们也展开自身最光辉、最富创造性的时刻。

二

见到高信疆时，我已不再是10年前那个过分理想主义的大二学生，逐渐意识到倘若没有社会各方面的对应变革，理想主义的光芒也终会暗淡。那个被我理想化的台湾转型岁月，已过去了将近30年，一个越来越让人不安的事实是，那一代的最初高贵的民主理想，正在堕入一个庸俗民粹主义的泥淖。

我也比从前更清楚地知道了，高信疆是谁。不管怎样，他主持的《人间》副刊，仍像是媒体历史与知识分子历史上的某个奇迹，它曾经如此深入和广泛地影响了整个社会，它设定的议题，为日后整个社会的发展，提供了智力上的准备。

不过，在那个炸酱面的夜晚，我没太多的机会表达自己的仰慕之情。再说，高信疆早在20年前就离开了《中国时报》，他曾经短暂地执掌过香港的《明报》——这份报纸在20世纪80年代的香港，就像是《中国时报》之于台湾，它们都是各自社会价值标准的制定者。而在之前的七年时间里，他一直生活在北京。我听说他尝试过与不同的报纸、杂志合作，希望能将他昔日的经验移植到中国大陆，却都不了了之。对他那一代知识分子来说，一个统一的中文媒体世界恐怕是挥之不去的渴望吧。台湾太小了，香港不仅太小，也过分特殊，只有大陆可能带来那种辽阔的魅力——超过10亿人，他们通过汉语联系到了一起。但是这个拥有庞杂人群的辽阔的大陆，张开怀抱接纳了二流的台湾演员、过气的歌手、不入流的通俗小说，却没准备接纳真正的思考者和怀疑者。

不过，清风、明月、黄酒、炸酱面，却是谈论中国的一个恰当情境。“不能因为三百年的失败，就抹杀掉三千年的历史”，我忘记了谈到什么话题时，他说出这句话。他还提到了傅斯年的判断，在中国历史上，只要有70年的稳定时期，它必定重获繁荣，从秦末的天下大乱到文景之治，从隋文帝统一中国到唐太宗的盛世，从宋太祖结束五代十国到范仲淹一代的兴起，其间不过经历了两三代人……

我不清楚傅斯年的论点出自何处，我的历史知识也不足以对此做出肯定或否定，但不知是黄酒还是别的原因，我内心洋溢起一种难言的兴奋。

我这一代人是在对中国文化的彻底怀疑中成长起来的，以至习惯性将现实的所有问题，都归咎于文化的基因，这其中也包括20世纪可怕的专制和荒芜的精神世界。很多时候，我们的否定刻薄而无情，仿佛这才意味着彻底决裂，而决裂才意味着新生。但是，这种刻薄却经常导致一种意外的结果——我们似乎变得更匮乏了、更单调了，内心更慌乱了。

随着年龄日增，对中国文化的了解欲望已慢慢在内心滋生。我逐渐觉得，总有些卓绝和美妙的特质才让这个民族绵延至今，并曾创造出那样灿烂精致的文化。

那天夜晚，高信疆似乎照例大醉而归。朋友扶他离去时，像是扶着一个踉跄的老侠客。只可惜，他住的地方不富任何诗情——亚运村。

三

我计划再去拜访他，听他讲那些风云往事，再去追问傅斯年那句话的来历。

但等到来年年初时，他的北京电话打不通了，接着就是听说他在台北住院了，患的是大肠癌。我听说陈映真也一直在住院。

一个时代似乎都在谢幕。2008年11月，我第一次到台湾旅行。在9天的行程里，我不间断碰到象征意义的新闻事件——陈云林的访台、王永庆的葬礼、台湾沉寂多年的学生运动的复苏，当然也有《中国时报》产权的转让，以生产米果著称的食品公司旺旺集团成了它的新东家。我记得交易结束一周后，编辑部才进行了姗姗来迟的表态，发表社论《变动时代中不变的媒体理念》。编辑们试图捍卫最后的自信与尊严，他们举出了《华尔街日报》与《洛杉矶时报》的例证——它们虽也经历所有权更迭，却仍保持着昔日的新闻品格。但比照其辉煌历史，最后的坚守中满是物是人非的感慨。

我不知高信疆听到这一消息时将作何感慨，他人生最辉煌的岁月都与这家报纸息息相关。而对台湾和几代华语读者来说，这家报纸也从来不仅仅是一张报纸、一桩生意，而是一种精神、品格、价值观。

再接着，我听到他去世的消息。他的实际年龄比他看上去的更年轻些，出生于1944年，不过65岁。他在40岁之前，就完成了一生的主要功业。

一连几天，我都在回忆我们唯一一次见面的场景。或许也在暗暗比较我们这两代人之间的异同。他们那一代要反抗政治禁锢对个人自由、思想和审美带来的伤害，而到了我们这一代，敌人已不再如此明确，反抗力量也因此瓦解，但消费文化和扭曲的形态却塑造了一种新牢笼，将我们困于其中。不管台湾还是大陆，解冻时期所蕴含的希望与理想，正在重演帕斯捷尔纳克的感叹：“这种事情在历史上已发生过多次。崇高的理想变成了粗俗的物质，因此希腊变成了罗马，因此俄罗斯启蒙运动变成了俄罗斯革命。”

不过，我们丢失掉的不仅是他们那一代的纯真和勇气。我更感到还有那股浓烈的情感，它深藏于一代代最优秀的中国人身上，让他们即使在悲观的时刻，仍有行动的勇气，而不仅仅是现实的俘虏。

一个意外的预言家

最初，我带着一丝轻视。

它是习惯性的，对于所有过分流行的人与物，我总抱着某种怀疑；它也是智识性的，我很难相信一个毫不费力地从石器时代跳到人工智能的学术体系中没有轻佻；它或许还是自卫性的，这个人和我同龄，也以谈论理念为生，却取得如此欢呼。

人人都在谈论尤瓦尔·赫拉利。这位希伯来大学的年轻教授，曾是一名边缘的中世纪军事史专家。2014年出版的《人类简史》，戏剧性地改写了他的命运。这本以希伯来文写作的通俗历史书，在以色列的畅销书榜上盘桓了3年之久，被翻译成几十种语言行销世界各地，几乎登上每一个销售排行榜。

这种流行出乎意料又可以理解。他用现代极简主义方式，用通俗易懂的“认知革命”“科学革命”这样的标签，将7000年人类历史浓缩到几百页的书中。比起归纳历史，预测未来更有吸引力，他接着写了《未来简史》，并做出了大胆预言：人工智能将发展成一个无比复杂的系统，最终取代人类，“智人”将面临消亡，他可以选择成为“智神”（Homo Deus），或是一个被淘汰的无用阶层，“这一群人没有任何经济、政治或艺术价值，对社会的繁荣、力量和荣耀也没有任何贡献”。

书的行文与论调，符合时代情绪。时代的巨变被深刻感知，新技术革命正在摧毁既有的秩序，一切坚固的东西都烟消云散了。也因此，人们都想抓住一些更确定的东西，渴望用一种简明的方式来了解所处的时代。它还有一种显著的紧迫感，一切都在加速，倘若不抓住新潮流，就会被迅速抛弃。这些情绪催生出一种速成的，TED式的知识潮流，你要在18分钟内对一个重大问题做出诠释，给出解决方案，要夹带适当的俏皮话，还要让听众与读者误以为他们抓住了问题本质。

这也是令人不满的知识潮流，让我想起伏尔泰将近300年前的抱怨：“每个人都假装是几何学家与物理学家，情感、想象力与美惠三女神备受冷淡。”那是1735年的巴黎，整个欧洲正沉浸于科学革命的风潮中，牛顿是最受崇敬的英雄。如今，每个人都假装是人工智能与大数据专家，推崇算法的程序员与创业家是新英雄，不仅美惠三女神无容身之地，人类也多余了。

这潮流似乎不可逆转。启蒙思想家们虽然愤愤不平于科学的拥趸远比诗歌、哲学的要多，却也主动将科学原理纳入对社会、情感的研究。

他们把科学视作一种新力量，将人类从宗教束缚中解放出来。在贵妇的沙龙中，才华横溢的他们喋喋不休于对世界的崭新看法，贵妇的沙龙就是那时的TED讲台。他们也试图简化知识，期待用一套大百科全书容纳整个世界，用一个个词条来划分人类思想与经验。

启蒙运动自带双重视角。一重是工程技术视角，人类社会的一切都可重组、优化、改进，进步不可阻挡；另一重则是宗教、道德、伦理视角，关切人内在的、无法被分析的冲动与需求。启蒙思想家们如能复生，也必定是今日论坛上的常客，活跃于YouTube与Twitter上，一边拥抱新浪潮，写作人类进步史纲，一边哀叹时代之堕落，科学与教育都导致人类丧失天真。

赫拉利遵循前一种逻辑。他不相信灵魂之存在，人弱化为基因、荷尔蒙的混合物，倘若计算能力足够强大，定能复制出人类的大脑，自我进化成更强大的系统。翻阅他的书时，那些亢奋却冰冷的语调和全知全能的视角让我不适，它由一连串肯定句构成，不容置疑。这也是那股熟悉的“未来学”腔调，是多年前我就领教过的“预言家”托夫勒和奈斯比特的风格。

这种风格在中国尤受欢迎。当托夫勒、奈斯比特在20世纪80年代初被引入中国时，他们与萨特、尼采、马尔克斯这样的名字混杂在一起，象征了一个突然开放的社会，对一切知识、思想的饥渴。未来学家们更提供了另一种慰藉，倘若现实令人沮丧，你仍可能抓住下一股浪潮，一跃摆脱窘境。这也是支配近代中国的情绪，一连串的屈辱后，人们将世界当作一个“物竞天择、适者生存”的角逐场。强烈的现实焦灼，激发起一种速成的幻觉：一种理念、一个主义、一种技术或某种组织形态，突然将整个国家带入一个新阶段。

对于赫拉利的狂热是这股情绪的最近一次表现。“哇，只有在中国，思想者才会像摇滚明星一样。”北京东三环一家酒店的宴会大厅中，音乐响起，讲台上刻意设计的滑动门被拉开，这个以色列年轻人走到台中央，他消瘦拘谨，以自嘲开始。

我站在宴会厅的最后一排，不无烦躁地看着他。会场气氛浮躁、粗糙，成功的欲望迫不及待。这是几年来北京常见的景象，各式创业论坛蜂拥而至，一整套语汇也就此诞生。与10多年前流行的经济学、管理学词语不同，这一套新语汇是混杂了宇宙学、生物学、物理学、互联网、人类学、金融、科幻小说、励志学，以及流行的网络用语的一锅乱炖，放了大量拙劣的抒情作为调料。此外，我也不是很懂为什么，那么多人都喜欢用“星辰大海”来形容自己的志向。

演讲者与听众沉浸于这种概念的轰炸中，来不及（或许也没有能力和兴趣）建立真正的逻辑关系。TED的形式感显然已经深入人心，走动式的演讲，充满警句的PPT，宽大、锃亮的LED。但演讲者少有知识探索，更多是传达一种焦虑——你可能就要被新变化、新技术抛弃。社会达尔文主义原本就弥漫于中国社会，这场数字革命又为它增加了新强度。它形成了一种有趣的矛盾：一方面，人们遵从高度的实用主义，只想寻求有用的知识；另一方面则陷入高度幻想，认定自己可以迅速理解人类历史的进化，能沉浸于浩瀚的星空之美，能进入另一种思考维度，陡然获得一种认知提升，然后降维打击竞争对手。

赫拉利的著作为这类狂欢增加了新燃料。在餐桌上、在分享会上、在投资人与创业者的口中，他的名字是一种硬通货，一个从未读过任何一本人类学、历史学著作，不知道列维·斯特劳斯和汤因比是谁的演讲者，如今也可以大谈人类文明的转折时刻，它令原本一个简单创业项目突然有了宏大意义。

我忘记了他当天讲了什么，多少为自己的在场尴尬。我最终未能抵御潮流的诱惑，为了可能的收视率来制作一期关于他的节目。我很想知道，在这套决绝、冷峻的话语风格背后，他到底怎样看待世界；也想了解，他所带来的迷狂又折射出怎样的社会心理。

采访却令人不悦。他的时间被媒体切分成很多片段，他还有一种geek式的神经质，谈话不能超过一个小时。我看着在人群与媒体重围中的他，主办方显然用的是对待坏脾气大明星的策略。

最终，我们在上海一家宾馆中坐下来。这家宾馆有一种怀旧味道，视线里有一只悠闲的丹顶鹤。他已经接受了好几个专访，几乎都是关于未来如何发生，智人是否会取代人类，哪些工作不会消失，以及对中国未来的判断……我的这个同龄人，被当作一个智者与预言家，对于过去与未来无所不知。他神情冷淡，似乎早习惯于这种角色。

“不不，我只是个历史学家，不是预言家。”他为自己辩解。他不是认为进步不可避免，而是觉得总要有人思考技术变革导致的政治、文化后果。我倒是对他中世纪研究的过往更感兴趣，想知道中世纪的学术训练，怎样塑造他观察未来的眼光。我也想了解他的个人经验，比如同性恋的身份是否会影响他的思考。“（这一经验）从小就教给我，不能相信大众的智慧，”他几乎一下子兴奋起来，“我被告知，男孩应该被女孩吸引，这就是事实。但我却发现，这不是我的事实。”也因此，他觉得整个世界就是一个虚构出的故事。

我们的谈话从达·芬奇到赫胥黎，他的言谈比他的行文开放得多，也更富个人色彩。就在我们都感到兴奋的时候，时间到了，他必须奔赴另一场演讲。我们约定，或许可以在耶路撒冷一见。我还记得心目中的以色列，特拉维夫海边美味的腌辣椒，以及作家奥兹的迷人谈话。我很想知道，在他成长的时空中，他又是何种模样？在一个过度被历史意识萦绕的空间，浓缩历史，逃逸到未来，或许是自我解放的必备手段。

两种逃离

一

“你怎么看这部片子？”我指着手中《昆西四季：约翰·伯格的四幅肖像》，封面上是白发伯格线条清晰的侧脸与扭过头来的蒂尔达·斯文顿，那个消瘦、冷傲的模特与演员，也是这部片子的导演。

“实在太难看了，”杰夫·戴尔脱口而出，“这很做作……让人觉得难堪、尴尬。”我没追问原因，因为我尚未看过全片，但几分钟的片花让我觉得相当迷人。他的回答一定有英式恶作剧的成分，但也透露了部分的真实。约翰·伯格是杰夫·戴尔智识上的英雄，鼓励他踏上写作之路。他人的诠释总会有隔膜，虽然这诠释来自一位与众不同的女模特。做一个并不恰当的类比，这多少像是刘雯拍了一部关于木心的纪录片，你问陈丹青的观感如何。当然，丹青的回应必更开放、富有礼貌。

这个小插曲并没缓解初见面的尴尬，在最初的5分钟，我一直在擦汗。这与头顶的摄影灯有关，也源自紧张，我渴慕他的写作与生活。

4年前的一个夜晚，我读到杰夫・戴尔。我刚拿到一笔数目可观的投资，它给我带来一种意外的快感。除去阅读与写作，我还可以成为一个创业家，没能拥有海明威式的生活，但有机会开一家中国的莎士比亚书店。

可惜，这快感过于短暂。它随即转化成无穷无尽的焦虑，一个商业组织的所有细节问题都令我焦头烂额。我终于意识到，就像有人天然对词语或颜色敏感，还有人能敏锐地看到金钱的流动，我显然看不到，还发现之前对词语的敏感也正在丢失。很多时刻，我心中乱作一团，伴随着灼热。

我偶然翻到《懒人瑜伽》。如今，我几乎忘记了其内容，语调与气氛却萦绕脑中：那股懒散、不经意、性的气息，还有贯串一切的敏锐。我很是幻想了一下那位穿红色比基尼的瑜伽教练，还有巴黎那没头没脑的一幕。有那么一刻，杰夫・戴尔将我从创业焦躁中拯救出来，但很快，一种新的焦躁涌来。我觉得自己选错了人生方向，我本该过他这样的闲荡生活，却被困在花家地。

从此，杰夫・戴尔成为了我生活的一部分。我买来了他各种版本的作品，喜欢它们排列在书架上，散落在卧室、卫生间里。他不是反复要读的作家，甚至我从未认真读过，他最负盛名的爵士乐作品《然而，很美》，尽管只是薄薄的小册子，我也没读完。它们像是对另一种生活可能性的提醒——这位戴尔先生自牛津毕业以来就没做过一份正经工作，他有一种天然的“反职业”的倾向，甚至就写作而言，都无法建立起某种连续性，刚尝试了传记，就跳到了小说，又是旅行与摄影写作，然后就追忆起第一次世界大战……这些跳跃中，又有着显著的连续性，那迷人的混杂性文体——描述、评论、思辨、历史、游记、哲学，他想起什么，就把它拽进来。他执意于这种不可归类，我也着迷于此。连我们的精神谱系也颇为相似，本雅明、佩索阿、尼采，当然还有约翰·伯格，他们都是批评眼光与个人抒情之结合，有着永不停息的自我分析的冲动。

杰夫·戴尔将来北京的消息传来时，我的好奇心被激起。与他坐下喝一杯啤酒，谈谈拉丁区的巴黎姑娘、洛杉矶的落日，以及如何构思一本新书，该是个不错的选择。

我再次购买了他的作品，一套小开本精装，适合握在手中。但我根本没时间读它，偶尔翻开时，心中竟生起了一股厌倦：原本迷人的自我分析显得絮絮叨叨，它不能带我逃离，反而增加了烦躁。这些絮叨更适合出现在《卫报》《伦敦书评》，被控制在一页纸上，不该被延展成一本书。

或许，这源于新的焦灼。4年过去了，我仍没成为一个职业的闲荡者。我被困在一家公司里，为下一笔投资发愁。我愤愤不平，觉得自己本该像他一样周游世界，看着自己的书被翻译成不同文字，再随时淡淡地爱上一位陌生人。

我们没喝成啤酒。我们在一个下午见面，而且是一个看似正经的访问。这位文字中散漫异常的戴尔先生，坚持饮酒时间要从傍晚开始。又瘦又高的杰夫·戴尔就坐在面前，还夸赞了我的鞋子。我却不知该说些什么，他所有的内心活动、思想方式都在他的书中展现无遗，我还要再问他如何去写作D. H. 劳伦斯、对塔可夫斯基的视觉语言的评论，或是写作传统的追溯吗？我最想和他谈论女人与酒精，问问他的妻子怎样忍受他脑子里那些想入非非。倘若实践这些想入非非，他会有某种道德顾忌吗？但这不是个好时机，丢掉摄像机与旁观者的嘈杂酒吧才是理想去所。

我也下意识地感觉，所有过分明确的问题都不该用在他身上。他代表的是一种感觉，一种气氛，一种不能明确划分的思维与审美状态。我还有一种浅浅的自卑，我觉得自己缺乏他的纤细感受力，没有他的文化理解力。我的那套对时代情绪、转折点的提问方式，在这种纤细与模糊面前，显得笨拙、乏味。

最终，一切还是从约翰·伯格开始，这最安全。我记得那个著名的场景，从牛津毕业不久、一心想成为作家的杰夫·戴尔，受命去采访伯格，一位著名、独特，他深深仰慕的作家。采访的部分没有太多的记忆，采访结束后，伯格带这个瘦长、紧张的年轻人去酒吧喝一杯，并询问他诸多问题，一场真正的谈话才算开始。伯格两年前去世时，杰夫在《卫报》上写下了这则短短的回忆，它击中了我的心。在潜意识里，我总是渴望这样一位mentor的出现。它是我对一个更辽阔、丰富世界的期待，或许也是我过分脆弱的自信的象征，总等待更强有力灵魂的认可。

接下来的交谈顺理成章，我们都努力配合对方的感受，分享了对Bruce Chatwin（布鲁斯·查特文）与Jan Morris的看法。但说到卡普钦斯基的名字时，我们都兴奋起来。

二

我很晚才听说卡普钦斯基。或许是在2007年他逝世后，《经济学人》在讣告上称他是20世纪最伟大的记者之一。他把新闻作品带入文学高度，为此获得6次诺贝尔文学奖提名。

他波兰人的身份与文学才能都让我产生好奇。我习惯了伟大的记者来自英语世界，一个波兰人如何获得这样的影响？我也对于记者被低估的创造力耿耿于怀，人们总把赞誉给予小说、戏剧、诗歌，习惯性地忽略报道、散文、评论。我买过他主要作品的英译版，《皇帝》《足球战争》《帝国》《与希罗多德一起旅行》，被他的广阔性、传奇色彩，还有那致命的孤独所吸引。

从1956年第一次前往印度以来，他游遍100多个国家，其中拉美、非洲、中东等地尤为特殊，他夸耀自己身经了27次革命和政变，40多次被关押，4次从死刑宣判中逃生……在充满暴力的陌生世界，他常孤身一人，也常陷于饥饿与恐惧。孤独不仅是身体与精神上的，还是一种身份上的——一个波兰人该怎样理解这动荡的世界？他属于社会主义阵营，他是社会主义理想的信仰者，又对权力的腐化高度敏感。这些异域戏剧——很多是关于独裁与专制的残酷与倒台——都像是对他的祖国困境的映射。对波兰读者来说，这些报道既充满异域风情，帮助他们逃离现实的烦闷，又是对他们生活的映射。

“他很清楚，悲哀可以转化成思想，也可以转化为失望和沮丧、漠然和麻木。他命令在全国开展各种娱乐游戏活动、盛大喜庆活动和化装舞会。”“智者就要干脆忘掉如何思维，而在麻木中苟且偷生。”当1976年的波兰人读到这种语句时，他们不会觉得这仅仅是埃塞俄比亚的故事，它也发生在波兰。

卡普钦斯基处于一个暧昧的地带中。他是官方派驻的海外记者，他需要与官方维持恰当的关系来保住这个职位。当他在这些陷于冷战格局的地区时，他发现苏联支持的左派力量，常是这个地区的解放力量。他的看法常与他的波兰朋友不同，后者感到的是无尽压抑与停滞。

“人克服了恐惧，感到自由。没有这一点，是不会产生革命的。”在*Shah of Shahs*中，卡普钦斯基写道。他描绘的是1979年巴列维政权倒台。当团结工会运动在1980年兴起时，他作为一名著名的文化人物到场，发现了一种既熟悉又陌生的气氛。这个社会像是突然获得了一种自尊。这再次印证了卡普钦斯基长期以来的观察，突然爆发的反抗运动从来不是关于面包与工资，它是源于受伤的自尊。你被当权者一次次地羞辱，终有一刻这愤怒会转化成巨大力量。

卡普钦斯基在海外的勇敢无畏，在自己的祖国却消失了。他寄望于波兰政府自身改革，也担心倘若公然与当局决裂，就会失去海外采访的机会。他在道德选择上暧昧不清。

似乎是2011年的深秋，我在旧金山的城市之光书店买到《雷沙德·卡普钦斯基：一生》。封面上，卡普钦斯基正在抽烟、表情严肃、眼光锐利，像是老电影中的间谍——性感、神秘。

我把这本书摆在书架上，每当心情烦闷，就翻上几页。一般是躺在4楼办公室的黑皮沙发上，我感到被日常活动所消耗，害怕丢失自己，恐惧精神上的封闭性。只有在陌生的环境中，我才感到人生没有虚度，也害怕那种无所附着之感，无限的自由反而变成新的桎梏。先是在剑桥，然后是伯克利，我一再地确认，我成不了那种四海为家的作家，仅仅把归属感建立于文字与思想中。我需要那种紧密的小团体，它提供家庭式的亲密感、行动时的力量感，当这一切具备时，我才能享受疏离、旁观。

我还记得一个细节。卡普钦斯基有很多情人，按照他的一位传记作家描述，这些关系都是3个月模式。在这期间，卡普钦斯基浪漫、热情、带着迷人的神秘气息，接着他就消失。他也必须消失，他要回到他正在写的书，要回到他的报道的现场——可能是埃塞俄比亚、伊朗，也可能是智利、墨西哥……

除去这即兴的情感，他还有位忠诚的、稳固的妻子，她照料他生活的一切。当他在华沙外的公路上爆胎时，他的电话会打给她，而不是道路管理中心。他必须在变化与稳固间找到某种平衡。

“他是个复杂的人，生活在一个纠缠的时代，同时处于不同的时期、不同的世界。”卡普钦斯基去世后，他的一位情人评价说。

三

杰夫·戴尔遗憾于卡普钦斯基没得到诺贝尔文学奖。这或许是非虚构作家的某种愤愤不平，只因为他书写的是真实事件，就不如虚构出的故事吗？“他的很多报道细节被证明是失真的，是想象出来的，”杰夫·戴尔戏谑说，“那他就更该得奖了。”

与卡普钦斯基相比，杰夫·戴尔太过轻盈。他躲避危险，“如果可以选择另一种人生，我也愿意成为驻外记者。我感兴趣的可能是和其他记者的聚会，当外面在闹革命时，我们在喝酒”。

卡普钦斯基寻找历史现场，杰夫·戴尔则抱有一种反事件姿态，那些无关紧要的细节，或许更能展露人生的本质。他可以自辩说，这是文学的冒险，乔伊斯仅仅坐在书桌前，就可以过上充满冒险的一生。

在这漫无目的的交谈后，我获得了某种释然，似乎一场虚拟的关于冒险的谈话就令人满足。我那么渴望逃离，不过是一种孱弱的渴望。

海妖服务器

他称它们是“海妖服务器”。

华尔街的对冲基金、谷歌、脸书、亚马逊，或许还有正迅速兴起的优步、Airbnb，都在加入这个行列。倘若在荷马史诗中，塞壬用她们魅惑性的歌声，让旅途中的水手们丧失意志、迷失于归途，那么这些技术巨头，则收集海量数据，创造了一个封闭的、剥削性的循环链。你的免费劳动成为海妖公司的利润来源，它们用这些收入投入广告，吸引你把更多的时间与精力投入其中。没错，你已深陷这个游戏之中。

去年夏天，我在伯克利山腰的一个庭院里，见到杰伦·拉尼尔（Jaron Lanier），是他发明了“海妖服务器”这个概念。他披着散乱的非洲式发辫，它们像生长出来的蔓藤（如果他的脸再消瘦些，就与摇滚歌手鲍勃·马利颇为相似），或许就如头脑中野草式的思想，阔大的身形勉强被裹紧于黑色T恤中。

在庭院里四季如一的阳光下，海湾、金门桥与市区的高楼皆清晰可见。从这里向南延伸至圣何塞的狭长地带，就是硅谷。在那些发黄的山丘里、平庸的低矮建筑群里，据说有此刻世界真正的革命中心——一场由技术与金钱驱动的革命，它正在深刻、全面性地重组我们的世界与我们的生活。

出生于1960年的杰伦·拉尼尔是这一切的见证人与参与者。事实上，他的模样、装束与个性，都象征了此刻的硅谷与昔日硅谷的联结，尽管此地的文化以记忆短暂、一心向前著称。

20世纪70年代，他就卷入了麻省理工学院“虚拟现实”研究先驱者的小圈子，并在日后将这一概念流行化，被誉为“虚拟现实之父”。他也曾与威廉·吉布森（William Gibson）交流，希望他不要把未来世界描述得如此黑暗。他还出任过斯皮尔伯格的《少数派报告》的顾问，让电影里的未来显得更可信。如今他是微软研发部门的重要参与者，被普遍视作技术世界的“远见者”（Visionary）。他还是个音乐家，试图将东方与西方的音乐混在一起，他的家中有一个巨大的各式奇怪乐器的收藏室。他的朋友包括凯文·凯利、史蒂夫·乔布斯——他说在这个圈子里，没人像后者这么有魅力、善于表达……

昔日的硅谷尚未成为舆论的中心，它似乎更继承了西部的狂野精神，因为远离中心而获得特别的自由。这里是流行音乐、反战游行、东方宗教、文学试验的场所，科技是所有先锋力量中的一支，或许是最不吸引人的一支。20世纪60年代的阿帕网被国防部发明时，网络技术不仅属于一个狭小的圈子，而且是一个特别笨重、令人厌恶的军工产业的延伸。不过，这些边缘的、前卫的力量都分享着共同的乌托邦气质——倘若现实世界沉闷、无可改造，那就去创造一个崭新的世界。杰伦·拉尼尔心中的英雄人物泰德·纳尔逊正是这样的先驱：他清晰想象了一个联结世界的诞生，每个人都成为全球网络市场的自由代理商，一种新的合作文化也就此诞生。

这个预言似乎实现了，互联网如今把整个世界、所有人都串联起来，而且谁也未预料到，这些乌托邦设想会转变成如此惊人的商业成功，那个沉迷于印度冥想、热爱约翰·列侬的乔布斯会成为超级的商业明星。对杰伦·拉尼尔来说，一些连续感仍清晰可辨。苹果店的设计就像是寺庙，乔布斯则把自己塑造成半宗教式的人物，这都是60年代的流行气氛。

代价也随之出现。“技术的发展会降低一切生活成本，人们无须花费分文便能快乐地生活。什么金钱、工作、贫富差距、养老计划，没人会为此忧心忡忡。这是一幅多么美好的生活画卷啊，我对此却深表怀疑，”他在2014年的著作《谁拥有未来》（*Who Owns the Future*？）中写道，“相反，如果我们按现状自由发展，那么我们很可能会进入一个失业严重的时期，相伴而生的是政治与社会的混乱。”

倘若这段话出自一位社会批评家，或许只会被归入路德派的行列——技术变革总是招致它的批评者。但这判断来自局内人，一个现代技术世界的缔造人，一个来自中心的反叛者。自从2011年出版《你不是个玩意儿》（*You Are Not a Gadget*）以来，杰伦·拉尼尔就变成了科技界的严厉批评者。在这本书中，他批评谷歌、脸书、维基百科导致交流的肤浅化，高度联结的网络世界泯灭了个人主义，带来了数字乌合之众的兴起……而在《谁拥有未来》中，他将批评视角置于整个系统——数字资本主义。他相信，这个系统的哲学与运转方式，将导致灾难。

“数字网络的崛起并非如我们想象的那样创造价值，促进经济的整体增长，相反的，从中获取财富只是少数，并且后者的成功是建立在大多数人无偿劳动的基础上。”他相信不合理的统计方式，让普通人的贡献贬值。你的个人付出——上传照片、分享音乐、回答问题、闲聊，为公司创造了巨额利润，但你没有分享到任何东西。它造就了一个假象：似乎是机器完成了这些，而非具体的个人。他列举了一个例证：作为上一轮照相技术的制定者，柯达公司在鼎盛时期市值280亿美元，雇员超过14万，但是当Instagram在2012年以10亿美元出售给Facebook时，它只有13个雇员。

它相信在这种“普通人分享信息，精英人士却通过它们创造巨额财富”的模式下，中产阶级将被摧毁，也因此整个经济体难以维系。

杰伦·拉尼尔本人的声调柔软，内容却锐利，有些时候听起来不像是来自硅谷的预言家，而像是19世纪中叶的马克思。马克思面对工业资本主义兴起时的各种弊端，相信必须创建一个崭新的意识形态与政治制度，来消除这种弊端。或者按照杰伦·拉尼尔更喜欢的另一个类比，此刻的硅谷与19世纪末的“镀金时代”颇有类似，当时的钢铁、石油、铁路等巨头垄断了大量的金钱与资源，唯有一场遍及政治、社会领域的

“进步主义运动”才打破这一切。

把谷歌、脸书充满朝气的领导人与19世纪的“强盗资本家”们作比，似乎仍显牵强。这些海妖服务器兴起的速度、涉及的范围惊人，它们在面临新竞争者、新技术的压力时，其垄断地位仍可能被随时颠覆。但是杰伦·拉尼尔刺耳的声音仍至关重要，它提醒我们硅谷神话的另一面：技术革新并不总带来我们希望的个人解放与社会进步，一些时候也有摧毁性的后果，需要有更多其他力量来制衡它。在这场巨大的转变中，对于个人权益的保护至关重要，个人不应沦为巨大历史浪潮、技术变革的牺牲品。

谁是中国的海妖服务器？阿里巴巴、百度、腾讯，或许还有后加入的小米与京东……在它们背后，那些庞大的电信、金融机构才是更令人生畏的海妖。它们沉默、武断地吞取个人的信息。我们曾经以为，前者的兴起可以制衡后者的绝对垄断。但如今，它们似乎正日益结合成一种新型联盟，个体似乎更加难以逃脱。

涉及百度贴吧的最近一次丑闻——海妖把用户的信息与信任直接出卖给无良的药商——再度提醒了这种危险性。整整20年，我们欢呼互联网带来的启蒙、个人解放、权力分散，如今却正在开始经历技术革命的另一面。

阿瑟·H. 史密斯眼中的中国

一直到昨天，我才明白阿瑟·H. 史密斯和明恩浦是同一个人。此刻，我的书架的不同角落至少已经有了3本同样的书，它们分别叫《中国人的气质》《中国人的性格》《中国人的特性》。它们的源头都是那本*Chinese Characteristics*，作者的原名是Authur Henderson Smith。

我已记不清我何时，何地，又为何购买了这同一本书。我猜是它的题目引人注目，它像是一种速溶咖啡或一包即食面，如果你想和别人谈谈中国人的性格——这是饭桌上的常见话题——它是个上佳之选。没人会赞叹一杯速溶咖啡的味道，所以我也从来没留心过这本书，偶尔心血来潮地翻阅几页，又把它丢弃了，然后再碰到另一个版本时甚至没有似曾相识之感。即使在我准备像个旁观者一样了解自己的国家时，我也更喜欢《剑桥中国史》，或是史景迁、费正清的著作。谁又听说过阿瑟·史密斯是谁？一名生活在19世纪末的中国山东省的传教士吗？

当我在清华大学南门的万圣书园再度购买到这本书的另一个版本，这回它的名字被译为《中国人的素质》，我意识到自己的浅漏。我在它的打折区看着它被冷冷地摆在那里。但是在附录里，我意外看到了1906年3月6日的那个小插曲，那是阿瑟·H. 史密斯与当时的美国总统西奥多·罗斯福在白宫见面的场景。在那次会面中，明恩浦劝告罗斯福将庚子赔款用于中国的教育事业，而10天后，罗斯福回信称，明恩浦的两本书使他“对于中国的了解加深了许多”，他将推动这个建议。正是这笔庚子赔款最终促成了清华大学的诞生，给予几代留美的中国学生以崭新机会，而现在它依旧是中国最著名的高等教育机构之一。

1906年时，阿瑟·H. 史密斯已61岁了，在中国已生活了34年，在中国北方的山东省与河北省都度过漫长的年月，他说一口流利的中文，而且带着明显的山东口音。一位听过他演讲的人回忆说：“他的身体，在西洋人中间，要算是比较矮的，但精神却颇健旺，他那充满着力量的躯干，再加上他那天然有趣的面貌，一站在台上，就立刻引起听众的注意……讲演的时候……声调或高或低，或长或短，极变化之能事，且好引用古今格言、民间谚语，全身随时都是表情，往往双手同时以指作声，助其语势，可谓出口成章、娓娓动人……”

一整天，我都在想象他讲演的样子。我从互联网寻找到他的照片，那张满脸胡子、表情严峻、眼神流露着无限忧郁的照片上，我没发现“天然有趣的面貌”。至于他的山东口音，我要依据加拿大人“大山”

的北京口音来想象。

我一直在想象，1872年他从美国来到中国的最初印象。那个时代不比现在，即使蒸汽船已经出现，苏伊士运河已经开通，这旅途也要花上半年时间，其间还充满着不知名的危险。那个时刻全球旅行的人物主要由3种人构成，他们是贸易商、传教士和劳工。前两者被利润、信仰所诱惑，而最后一种则只是回避眼前过分可悲的生活。

陪伴着阿瑟·H. 史密斯一路的，除去对陌生之地的好奇心，还有每天的祈祷。那年，他才27岁。他出生于康涅狄格州，1867年，他毕业于贝洛伊特学院，又前往纽约学习神学，准备将自己后半生奉献到外国的土地上。他是19世纪开始的新一轮传教热潮中的一分子，他们正在挑战15～18世纪的欧洲的天主教传教士在中国的垄断性地位。

此刻的中国，也正处于它的另一个转折时刻。它独自享有的生活方式、自我中心的特性，正遭遇有史以来最严重的挑战——它能够在一个崭新的世界环境中，保持自己的独立性吗？而外部世界对于中国的印象，也在发生戏剧性的转变。

自从马可·波罗在13世纪将他在中国的见闻带回欧洲后，欧洲就陷入了对古老而繁荣的中国的“恋爱”。在几百年的漫长岁月中，中国的政治、商业、文化、哲学，甚至园林工艺都被尊崇。

但是到了19世纪的德国人黑格尔的笔下，中国开始变成了东方专制主义政权、停滞的帝国……对此刻的西方世界而言，中国辽阔的疆域、广大的人口在两方面尤其富于诱惑——它是4亿人的市场，4亿颗心灵等待被拯救。贸易商与传教士，信仰与金钱，就这样被拧在一起，它们相互帮助、也相互诅咒，在陌生的国度里，谁也离不开谁。

像19世纪中叶之后的所有的外来者一样，年轻的阿瑟·史密斯也是从中国港口的租界开始他的中国之旅的。在香港、上海、天津、广州、厦门、宁波这些城市，中国政府被迫签订的条约，正让欧洲人、美国人体验一种无上的特权，他们将自己渴望的生活方式原封不动地搬到了这里，他们赌马、在俱乐部打桥牌、喝下午茶，然后像煞有介事地谈论中国的前途。

阿瑟·H. 史密斯没有选择这种悠闲的方式，他的信仰迫使他前往那个乡村中国，认定那里有更多的人等待他传播福音，也为了更了解中国，日后他将写道："一个外国人在一个中国城市待上十年，他所知道的人们家庭生活内容，还不如在中国乡村住上一年。"

在山东的不同地区从事传教、救灾这些工作之后，1880年，他定居在恩县的庞庄，并与另一位传教士博恒理建立了教会。我不知道他的中国话是如何逐渐染上了山东味儿的，如何和当地农民交上了朋友，他是否喜欢煎饼与大葱的味道，该怎样对他们描绘上帝的形象与耶稣诞生的故事，又怎么习惯自己用明恩浦的身份取代阿瑟·H. 史密斯……在一张老照片上，我看到了庞庄的形象，孤零零的城门与面目不清的中国农民。

想必他是个勤奋的学生。因为不久他就开始在《字林西报》发表《中国的格言与谚语》，1890年则开始连载《中国人的特性》。与20世纪中叶费正清在哈佛开创的中国研究不同，19世纪的汉学是由传教士和新闻记者推动的。他们主要依赖的是第一手的观察，而不是文献阅读和理论框架。

阿瑟·H. 史密斯根据日复一日的观察与体验，寻找出他认定的26种典型的中国人的性格，它涵盖了从日常生活到精神信仰的各领域。其中一些已变成谈论中国人的“铁律”或是“陈词滥调”——爱面子、缺乏时间观念、缺少公共精神、坚韧、勤俭、不精确、泛神论……

这对我来说一点不陌生，和之前的几代知识青年一样，我是在五四精神的鼓舞下成长的，对国民性格的批判正是五四重要的精神遗产之一。翻阅当时最时髦的《新青年》杂志，所有类似的命题都被讨论过，而阿瑟·H. 史密斯的这系列文章则像是这种讨论的预演。在此之前，很多西方到来的传教士与外交官都讨论过中国人的特点，但直到1894年阿瑟·H. 史密斯将这系列文章收集成书以《中国人的素质》出版之前，没人如此全面地呈现这种观察。它出版的时机——正是中国在甲午战争失败前夕——则引发了一场更大范围的共同讨论。

“美国人心目中对中国的印象的幻灭，是由一本读者甚多的著作加以完成的，即阿瑟·H. 史密斯的这本《中国人的素质》。”费正清在1985年的美国历史协会成立100周年纪念大会说，距离这本书的出版刚过90年。它在当时旋即被翻译成法语、德语、日语，当然也有中文，加上中国出人意料地败给了日本，它所引发的是普遍性的中国印象的破灭。

对于这本书的攻击也从未停止，就像阿瑟·H. 史密斯自己所提到的：中国是一个广阔的整体，一个人如果没有访问过一半以上的省份，只在两个省住过，那他当然就没有权利来总结整个帝国；或者，这些关于中国人的道德特点的描述是充满误导性的。

但是，出人意料的是，在我一个多世纪后认真阅读这本书时，发现它仍是如此富有生命力，我心中暗暗承认，那时的阿瑟·H. 史密斯没有任何社会分析、心理分析工具或是统计数字可以借助，但他的直觉印象大多是正确而富有洞察力的。

从阿瑟·H. 史密斯的年代一直到现在，关于中国的描述一直是前后矛盾的，中国太大了，难以用一种印象来概括。生活在华北乡村的史密斯的感触与生活在北京幽雅的四合院、文人书画与优雅的谈话中的罗伯特·赫德对中国的感受必定不同。就像多年后鲁迅所说的："一个旅行者走进了下野的有钱的大官的书斋，看见有许多很贵的砚台，便说中国是'文雅的国度'；一个观察者到上海来一下，买几种猥亵的书和图画，再去寻寻奇怪的观览物事，便说中国是'色情的国度'。连江苏和浙江方面，大吃竹笋的事，也算作色情心理的表现的一个证据。然而广东和北京等处，因为竹少，所以并不怎么吃竹笋。倘到穷文人的家里或者寓里去，不但无所谓书斋，连砚石也不过用着两角钱一块的家伙。一看见这样的事，先前的结论就通不过去了，所以观察者也就有些窘，不得不另外摘出什么适当的结论来。于是这一回，是说支那很难懂得，支那是'谜的国度'了。"

一个农夫和一个乡绅之间有着显著的差异。令人心醉的山水画、书法、诗词、酒令是中国的精英文化传统，它孕育出洒脱、飘逸和智者。但对绝大多数中国人来说，他们生活在社会底层，为物质匮乏所困，利益的计算才是他们真正的生活原则。当阿瑟·H. 史密斯到来时，中国的人口已到达了4亿5000万，在不到200年的时间里，同样的土地上养育的人口增加了至少3倍，为日常生活而斗争变成了中国人生活的真正主题。这也是一个社会动荡的年代，传统儒家的意识形态正在失效，像所有王朝的晚期一样，衰败正取代了生气，而混乱和黑暗在吞噬日常生活的稳定，中国人必须寻找他们的生存武器——很多时刻，无休止的勤奋、节俭、性格坚韧或是情感麻木，都是应对这种社会环境的手段。这正是阿瑟·H. 史密斯所看到的那个中国，他的描述或许令很多中国人不适，却同样是那个真实的中国。

当阿瑟·H. 史密斯1932年在家乡去世时，他已成为了世界性的人物，是传教士中最著名的一位。他写了好几本关于中国的著作，但没一本能够超越《中国人的性格》。

“如果适者生存是历史的教导，”在论述中国人的活力的那一小节里，阿瑟·H. 史密斯这样写道：“可以肯定，他们这个民族有此赐予，他们以非凡的活力为背景，一定会有一个伟大的未来。”在这个预言100年后，中国人和中国生产的货物涌向了全世界，全世界既为中国的经济实力感到震惊，又担心中国给世界的道德标准、生活方式带来前所未有的冲击。无疑，今天穿着西装、坐着喷气飞机、讲英语的中国人，在很多方面和阿瑟·H. 史密斯所描述的中国人仍有很多类似之处。阿瑟·H. 史密斯曾经呼唤中国人“需要新的精神生活”，而现在不同样如此吗？只不过，它可能并不是阿瑟·H. 史密斯所期待的基督教信仰。

一个罗马尼亚人在纽约

流亡并非仅仅是失落、笨拙、无奈，它也是改变自我、再度创造的良机。你可以清晰地感受到诺曼·马内阿（Norman Manea）因流亡获得的一种更辽阔的视角。倘若他仍留在布加勒斯特，很难想象他会获得此刻世界性的成功。

与文字中的过度感伤不同，马内阿欢快、愉悦。“你是要威士忌、跳舞、咖啡，还是真的要采访？”在纽约上西区的一间公寓里，他张开双臂，迎接我们。

我读过他的两本书，一本文论集《论小丑：独裁者和艺术家》，一本回忆录式的小说《流氓的归来》。不知是翻译所致，还是原作风格即是如此，我能熟记其中一些片段、句子，却对全书的结构与叙述缺乏印象，它有些过分涣散。高度自我的沉溺口吻、细腻鲜活却又经常重复的细节，似乎是他最显著的特色。

但他独特的个人经验，足以制衡这种涣散与自溺。诺曼·马内阿出生于1936年的罗马尼亚，童年时进过法西斯的集中营，侥幸逃生又被卷入共产主义试验中，50岁时不堪齐奥塞斯库的独裁统治，成为一名流亡者。在纽约，他一边用他吃力学习的英语在大学教授欧洲文学，一边用罗马尼亚语写作，讲述那些黑暗、荒诞、充满谎言与挣扎的个人经验——这些经验正是20世纪最重要的一部分。他称罗马尼亚的统治是“结合了法西斯主义与斯大林主义的拜占庭方式”，自己则是“两种极权制度的豚鼠”。

“那个巨大的谎言就像个新胎盘，既不让我们生，也不让我们死。一个鲁莽的姿势就会让那纤薄的薄膜炸开。你必须屏住呼吸，不断自省，以便你的那张被大大小小的谎言堵住的嘴不会一不留神吐出可能粉碎那个保护茧的气息来。事实上，我们正不断用其他遮盖物来包裹这蛋壳，一层又一层，就像俄罗斯套娃一般。”这样漂亮的比喻，还有对审查制度的描述都散发着强烈的亲近感，这是所有极权社会的经历者共同的梦魇。这梦魇经常以特别的琐碎、平庸的面貌出现，令身在其中的人们不断被麻痹，最终失去了描述、理解它的能力。

“这要感谢你们中国还有朝鲜。”在我们说起齐奥塞斯库年代的罗马尼亚时，马内阿半带玩笑地说。玩笑的另一半却是真实的。这位被马内阿称作“喀尔巴阡山的白脸小丑”在1965年成为统治者，曾给整个国家带来巨大的希望。他推行了自由化政策，并曾公开反对苏联对“布拉格之春”的镇压。马内阿的第一本书也正是在这气氛中出版的，齐奥塞斯库在文字中找到了自己的另一个身份（或许，也是最真实的身份）。

在马内阿的书架上放着他与妻子切拉（她年轻时的样子与索菲亚·罗兰颇有相似）青年时代的照片，他们穿合身的西装与礼服，脸上带着潇洒的得意，像是老派的好莱坞明星。戴墨镜的马内阿，更像是个倜傥的花花公子。

“我们的文化是拉丁式的。”马内阿说，他很愿意分享青年时代的经历。尽管在文章中，他强调政治的压抑、社会的停滞、文化的分裂，但在个人生活中，那仍是个充满音乐、书籍、舞会与情欲的时代。这不仅是因为彼时他正年轻，也是因为在罗马尼亚（或是整个东欧，甚至苏联），彻底的严酷不仅充斥公共生活，还全面入侵私人世界。

“罗马尼亚男人与意大利男人相似吗？”看着他与年轻漂亮的女同事热情交流时，我问他。“几乎是一样的，”他的回答干净利落，“他们都习惯性地向女人献殷勤。”

这套拉丁化的生活方式，还有他深深眷恋的罗马尼亚语，似乎都无法让他留在布加勒斯特，一种越来越加剧的压抑、腐烂、停滞，最终让他主动逃离，尽管这是一个一再拖延的决定。1986年，他以50岁之龄来到德国，两年后又来到纽约。

“像是纳博科夫笔下的普宁教授。”我记得他不止一次这样写道。在一个陌生的环境中，俄国学者普宁不得不将大量精力耗费于日常的挣扎，尽管如此他仍乘错了列车、错过了讲座。陌生的语言环境让一个外来者变得无助、懊恼，他昔日的人生经验、知识积累，都因语言的瓶颈而变得毫无价值。

对通晓德语与法语的马内阿来说，他真正的普宁教授式的经验不是在柏林与巴黎，而是纽约。他与切拉和一群年轻的中国、菲律宾、东欧移民挤在教室里，学习基础英文。结果却是惊人的。尽管他的英文交流仍算不上流畅，却已在学院了教26年书。他曾经忧虑学生们无法听懂他的语法与口音，但纽约慷慨地接纳了他。

“世界上最好的旅馆。”他在一次采访中曾这样形容纽约。在自己的回忆录中，他则这样写道：“巴基斯坦人的报摊、印度人的香烟铺、墨西哥餐馆、女服装店、朝鲜人的小超市……大筐的水果和鲜花、西瓜和椰子……玫瑰、郁金香、康乃馨……矮楼、高楼、更高的楼，各种风格，不同的形状及混杂的各种用处，新世界和旧世界……”

在这个主要由外来者构成的城市，一个罗马尼亚的犹太作家也能找到自己的位置，尽管他仍觉得这里是旅馆。但家也回不去了。齐奥塞斯库政权的垮台并未给他带来希望，这对独裁夫妇未经审判就被枪决让他陷入忧虑，祖国发生了变化，却并未朝他希望的方向。1991年，他在《新共和》上发表关于另一位著名的罗马尼亚学者正是反犹主义者的文章，引起了轩然大波。在罗马尼亚，他成了民族的敌人；在美国，他变为FBI的保护对象，以防止极端主义的罗马尼亚侨民可能的刺杀。在一个表面民主的社会，犹太人的命运依旧不佳，存在一些远超政治的原因……归与不归，变成了两难的选择，他也越来越倾向于后者——“祖国逐渐远去了，越来越退入往昔，越来越钻入我的内心。我不再需要地理和历史来证明它的矛盾重重，来证实它的坠落。”

流亡并非仅仅是失落、笨拙、无奈，它也是改变自我、再度创造的良机。阅读他刚刚出版的文论集，你可以清晰地感受到他因流亡获得的一种更辽阔的视角。倘若他仍留在布加勒斯特，很难想象他此刻会获得世界性的成功。即使这种世俗成功并非唯一标准，他的写作本身也必定受惠于这崭新的经验，他依旧用罗马尼亚语写作，他的记忆因为陌生的环境变得更加鲜明。

他很少书写美国经验，说自己来得太晚，不懂这个新环境。但他仍有很多有趣的洞察。他说英语过分清晰、讲究逻辑，无法承载他母语中的含混、暧昧。他说美国社会浅薄，却有一种让人保持愚蠢的自由，美国生活充满了矛盾与不连贯性，却可能是自由的标志……

循环的历史？

一

纳坦·艾德尔曼（Natan Eidelman）相信，赫尔岑可能是一个世纪来最幸运的俄国作家，因为“他只写自己想写的，除去自身的判断，没有任何审查，他也完满地展现自己的才能与知识，他既有生存手段、也不缺乏优秀读者”。

自1847年流亡以后，赫尔岑不仅没从俄国的政治、文化生活中消失，反而以更显著的姿态出现。先是《北极星》，然后是影响力更著的《钟声》，他在巴黎与伦敦编辑的杂志成为俄国公共生活的中心。从理想主义大学生、青年军官，到大臣乃至沙皇，都是他的热心读者。不同派系的政治力量都知道，倘若你要实现自己的主张，与其上书宫廷，不如投书《钟声》。伦敦的流亡出版社与圣彼得堡宫廷的距离反而近些。

纳坦·艾德尔曼是赫尔岑最重要的传记作者，也是20世纪70年代苏联最活跃的历史学家之一。当他描述赫尔岑的幸运时，他的同代人都听得出这是对自己时代的隐晦抗议。沙皇俄国尚能容许这样一种异议声音的存在，但在勃列日涅夫时代断然不可能。

除去赫尔岑的传记，纳坦·艾德尔曼也以有关“十二月党人”的研究著称，这些著作在20世纪70年代初的苏联知识分子中盛行一时。“十二月党人”是一群受过良好教育的贵族青年，为了创造一个他们希冀的现代俄国，他们不惜发起了一场起义，试图刺杀刚刚登基的沙皇尼古拉斯一世。失败的起义引发了绞刑与大规模的流放，这悲剧也塑造了一代人的心灵，赫尔岑也是其中之一。起义发生时，他不过是13岁的少年，却深深被其中强烈的理想主义、自我牺牲的精神震撼，他日后的道路——先是一名具有反叛意识的作家与思想者，然后被流放至西伯利亚，最终流亡至伦敦——正与此相关。

不管是赫尔岑，还是“十二月党人”，都是俄国历史上的“异端”，是这个有着漫长政治专制传统的国家的自由派声音。在纳坦·艾德尔曼书写他们时，苏联短暂的“解冻期”已过去，一个高度控制、意识形态化的时代再次到来，甚至已被鞭尸的“斯大林主义”都有复活的征兆。

苏联的“异议传统”也是从这个时刻开始兴起的。1966年，对两位作家西尼亚夫斯基与丹尼埃尔的审判，既开始了对知识分子新一轮的打压与控制，也让一小群最勇敢的人会集到一起，他们成为了“异议者”，其中最著名的是作家索尔仁尼琴与物理学家萨哈罗夫。

历史研究既是躲避，又是反抗。在这压抑、沉闷的年代，“十二月党人”的激越故事，他们在伦理与美学上的主张，不啻是对此刻的最佳控诉。这又是安全的控诉。倘若苏维埃因推翻沙皇俄国具有合法性，这些同样的反抗者也具有合法性。苏联从未完全杜绝从普希金到陀思妥耶夫斯基的19世纪文学、思想传统，被每一个苏联人牢记的普希金也是“十二月党人”的半个同路人。

纳坦深谙此道。他出生于1930年的莫斯科，即斯大林牢固攫取权力的那一年。他的父亲是一名记者与戏剧评论家，曾参与对帕斯基尔纳克的公开批判，但他自己也难逃厄运，作为一名犹太人知识分子，他在1949年被卷入莫名的指控，因此入狱。

尽管如此，纳坦也是个迟来的政治觉醒者，并未怀疑这个制度。直到1956年的苏共“二十大”，因赫鲁晓夫的著名报告，他才开始思考苏联社会主义制度自身的缺陷。随即因一个学术讨论小组，卷入一场政治风波，丢掉了中学教职。

在20世纪60年代，借由高超的人际技巧，纳坦小心翼翼地重回学术界。他接触到赫尔岑的资料，以他编辑的流亡杂志，他出版了论文《作为出版家的赫尔岑》。在此基础上，他写出了赫尔岑的三部曲传记。对于一名历史学家，这是最佳选择。苏联历史笼罩在意识形态中，沙皇帝国的历史有着更大探究的自由。如果放在更长的视角，理解沙皇帝国更显得必要，苏维埃革命到底缘何发生？而俄国的自由传统则对当下是个莫大的鼓舞。

纳坦的声誉在20世纪70年代到达顶峰，不仅出版书籍，他还参与历史节目的制作，成为正在兴起的视觉大众文化的一部分。他似乎卡在了一个“正确”的位置，对官方来说，他在容忍范围；对知识分子来说，他进行了知识探索，还展示出某种自由姿态；对公众来说，他对俄国历史中的“阴谋”与“权力”之探索，则满足了强烈的、猎奇式的好奇心。

他从未公开地展现政治态度，他与“异议人士”保持距离，甚至“准异议人士”的标签都让他愤怒不已。但这道德上的暧昧也让他付出代价。在他的日记、著作中，他用历史人物来自我慰藉。他将普希金描述成一个政治思考者，普希金同情“十二月党人”，却不同意他们的暴力手段。纳坦也对历史学家卡拉姆金充满认同感，后者编纂了权威的俄罗斯史，攻击伊凡大帝是暴君、谋杀者，却也在尼古拉斯一世的严酷统治中保持了自己的空间。

戈尔巴乔夫的“新思维”与“公开性”帮他缓解了这种道德焦虑，他积极投身于迅速涌现的公共讨论中。他坚信知识分子的重要性，在俄国传统中，国家权力占有绝对的支配，社会群体薄弱，改革只能自上而下地发生，在这种过程中，知识分子的声音至关重要，它能提醒、建议、警告这个绝对权力。

他同时保持着某种审慎，对他来说，俄国的历史曾充满“自由的幻象”。亚历山大一世也曾把俄罗斯拉向西欧，但随即尼古拉斯一世又回到封闭与压制，亚历山大三世解放了农奴，激起了暂时的希望，但沙皇帝国还是被一个更强大封闭的系统取代。他把戈尔巴乔夫的兴起视作第三次“自由的幻象”。他把历史视作螺旋式的上升，一些特质不断重复，但它们又不尽相同。

这次幻象将持续多久，导致什么结果？纳坦·艾德尔曼卒于1989年，他未能看到失控的90年代、普京在之后的崛起……

谁是我们的纳坦·艾德尔曼？二月河的帝王小说、唐浩明的将相传奇，都曾风靡一时。倘若纳坦着迷于阴谋与自由，他们则沉醉于权力与人际关系。这或许也是两国历史的微妙差异，即使都浸淫绝对权力的传统，俄国仍会赞叹那些异端，仍会有“十二月党人”式的异端，他们来自绝对权力的核心，却背叛了这绝对权力。但从二月河的康熙大帝到唐浩明的曾国藩，或许再到眼前的甄嬛，我们对权力、对权力代表的中心价值，只有彻底的膜拜、沉醉，一心想学到其中的各种小技巧……

二

“俄国新十二月党人”。2012年1月的《纽约》杂志这样称呼一小群普京的抗议者。在标题下，还加上了普希金1825年对“十二月党人”的描述：“他们不停地聚会，无论高脚杯里的葡萄酒，还是玻璃杯里的伏特加，他们一饮而尽、慷慨激昂，他们发表言辞激烈的演说，有时聚在焦躁的尼基塔那里，有时又跑到谨慎的伊利亚家。”

此刻，普京将再度竞选总统的消息已传出。修正不久的宪法已将总统任期从5年延长到6年，这也意味着倘若他当选（必定会再度连任），他的实际统治将从2000年延伸到2024年。这也令他成为俄国历史上最长的统治者之一。

倘若纳坦·艾德尔曼看到这样的标题，他会作何想？我很是好奇，这一代莫斯科、圣彼得堡的青年，还会阅读他在40年前的那些历史传记吗？

尼古拉斯一世与“十二月党人”的时代都太过遥远了。杂志中描述的青年一代，大多出生于20世纪八九十年代，在他们的经验范围内，勃列日涅夫成为新参照，他代表了苏联历史上一个有少许自由空间，但停滞、沉闷的时代。互联网上迅速传播着一张普京逐渐衰老的照片flash，它一下子变成了勃列日涅夫的样子。这既是玩笑的嘲讽，也是逼真的恐惧，很有可能，这一代人最好的时光就都生活在一个人的阴影之下。

对这一代的抗议者来说，普京不再是那个重整国家机器，将俄罗斯带回强权的领袖人物，而是一个新的专制人物。这一代人伴随着俄罗斯逐渐经济复苏、全球化的趋势成长，他们与纽约、伦敦、巴黎的年轻人分享同样的咖啡、音乐、消费自由，他们也希望自己拥有相似的政治选择。1825年的“十二月党人”是贵族子弟、既有权力的一部分，2012年的“新十二月党人”则来自市场经济孕育出的新中产阶级，或者用更时髦的词语——“创业阶层”。他们理应代表俄罗斯的未来。

“新十二月党人”引起了媒体上的喧嚣，却迅速消散了。“创业阶层”是一群很难找到根基的理想主义者，而普京则控制着一切。当然，“新十二月党人”也不会招致大规模流放的命运，他们仍被这个政权有限度地容忍。俄文版的*Esquire*杂志仍可以接连不断地批评普京，互联网仍几乎未受审查，有一个半自由空间让人可以做暂时的发泄。但一旦你形成真正的挑战，你就会被迅速地摧毁。

“大量文献只是叙述俄罗斯的民主制度在普京治下的衰败，而没有论及一个专制政权如何走向成功。”一位杰出的俄罗斯研究者不久前写道，他试图纠正长久以来关于俄罗斯的观察角度。

纳坦·艾德尔曼或许会赞同这一判断。从戈尔巴乔夫到叶利钦的15年，只是俄罗斯历史另一个“自由的幻象”时期吗？

两个狂想者

一

G依旧是谈话的核心。同学的聚会，就如同精确的时光穿梭机，你新增的皱纹与腰身、扩张或萎缩的事业，离异或再婚，都瞬间消失了，你自动归位于你们最初相见的样子。

在28楼里，G曾因肆无忌惮地谈论政治与姑娘而让我们侧目。他来自湖南，在阶梯教室里，他走到前台发言；在业余时间，他组织时事的讨论；在暑假里，他徒步到河北乡村考察。他编辑夭折的报纸，从上面我第一次知道“斯托雷平改革”这个概念；他还四处炫耀他的性欲，带着姑娘与帐篷，在未名湖旁的山坡上过夜……毕业多年后，我才知道他还有过更惊人的尝试。总之，他是一个日趋驯服的20世纪90年代校园的异端，是外省式的反叛、少许的粗俗与高度理想主义的结合体。

傍晚，我们约在湖广会馆见面，除去G，还有L与Y。每一年，我们都照例要聚一下，寻找某种自我确认，那种模糊理想的衰落。尽管始终无法言明，我们都深受北大精英主义教育的影响，这种精英意识不是来自现实世界的个人成功，而是与时代、社会、国家的命运紧密相连，期待能参与一个现代中国的建设。使我们激动的似乎是那种“志士”式的生活，能在家国情怀与放荡不羁的个人生活间，找到某个平衡点。

毕业15年来，我们似乎都没找到那个平衡点。G受挫尤甚，他先是用了几年摆脱了“敏感人物”的标签，然后开始了一个小创业者的颠沛生活。但他总是能从挫败中汲取新的能量，每次见面时，他都能对新计划侃侃而谈。只有偶尔时刻，他才受感伤所困，最近一次，是他8岁的儿子与他的关系明显疏远了。

不过，在说起他最新的“阿米巴计划”时，他又恢复一贯的兴奋。我对于这个新名词不甚了了，它激起我的感受远不如20年前他给我讲述的俄罗斯的“斯托雷平改革”——一个单向的经济改革无法拯救俄罗斯，反而带来了政治上的失败。这在20世纪90年代的大学校园，算是个先驱式的、充满讽刺性的预言。

在他的新计划中，他要利用互联网来联结新的技术、商业精英，他们能够构筑一个逃离传统政治与社会制度的新空间（比如在印度洋上造出一个人工岛屿，据此创造出一个新的国家），在这个空间中，个人获得极大的自由……

可能因为微醺，或是这会馆中的空调不足，再或是我骨子里的浪漫精神在迅速减弱，我觉得疲倦而不是兴奋。

饭后，我们走出会馆，去寻南海会馆。117年前，一个带有狂想气质的广东书生正是在此筹划一场大胆的、最终失败的政治变革。炎热散去，南海会馆被包入一片巨大的楼盘工地中。它早已面目全非，成为一个被废弃的、无人居住的大杂院，在等待或被保留或被拆迁的未知命运。

我们4个人走在仍有昏黄路灯的米市胡同，像是置身于一个巨大的历史垃圾场。据说，那场持续了103天的变革唯一的遗产就是京师大学堂的建立，它日后更名为北京大学，而我们是1995级的新生……

二

他只要一杯清水，客套话全无就开始讲述他的惊人计划。

“一路一带咖啡馆”计划，在中亚诸国的首都开始聚合投资信息、人脉关系的咖啡馆，为此每家筹集1亿元；洽谈购买F1车队，倘若顺利，马上购买NBA、欧洲足球俱乐部的球队；更重要的是人才IPO计划，他要把个人从昔日的组织里、从沉睡的价值里拯救出来，他刚刚完成了对自己的估值，5亿人民币，他将出让20%的股份，股份的购买者（付出了1亿）将分享他终生各种收入的20%……他说，过去一年来，他见过的人超过1万，经手的项目则有四五千亿之多。“当然，”他会带有某种故作的自谦，“我只是平台的搭建者，每个具体项目都是由相关领域的顶尖高手操盘。”

透过狭长的窗口，我看到天色低沉、雨将至，一种分外的诡异感。有那么一刻，我觉得倘若眼前这个年轻人再假以时日，或许颇能修炼出牟其中、唐万新式的魅力。他们都在各自的时代，用一套大胆的想象力与行动力，造就流沙上的大厦，在破灭之前，它颇为气势恢宏。

或许，牟其中、“流沙上的大厦”式的类比对他颇为不公。这个年轻人的路才刚刚开始，而且在这个时代，神话与骗局的界限经常模糊。他们都声称要把各自时代沉睡的资源、金钱，重组起来。

他个头颇高，平头，唇上胡茬儿稀疏，穿横条T恤，脚下是黑色面的运动鞋，像是再典型不过的、尚不知如何修饰自己的北大理科生。这外观与他口中的项目与金额流动形成戏剧性的对比。

他自称是低我两级的师弟，学习数学与金融。我也记得，这反差也常常是我们在北大刻意追求的。直到90年代中期，这个学校仍颇为流行不修边幅的风格，张口则称是自己要学“屠龙之技”。不过，彼时流行的是哲学辩论、能指与所指、存在与时间。我记得一位我同姓的师兄，长期游手好闲，但每次见面都能用一套我无法指出破绽的语汇把我带入云山雾罩之中。在我毕业前的最后一次，他说终于想通了令爱因斯坦困惑的场论，并有一套简洁的数学证明。

如今，资本、大数据的语言取代了海德格尔与德里达。我的师兄与这个师弟，都自有他们的迷人之处。你知道，当你在这个暗淡的工作日的下午，突然被拽入一个宏大的、一切皆有可能的世界时，会有一种多么强烈的快感，日常的焦虑突然都消失了，我觉得人类的思想不过如此，或是你个人也突然身家上亿（只要你进行一次个人IPO的估值）……我也承认，尽管常语带嘲讽，自己不免有片刻的晕眩感。而师弟对我的嘲讽毫不为意，似乎他的内在世界已足够强大（或是封闭）。

雨终于下起来，师弟也要离去。突然间，整个空间变得寂寥起来，之前的那种不断膨胀感消失了。

我感到某种诧异，不知他为何而来，他问了我一两个书店问题，评价了一下我们这儿生意的盘子太小，他甚至不知道我还是个作家……是的，他似乎专为布道而来。

城市漫游者

大马士革门外

你只能前往大马士革门。暮色初降，耶路撒冷的餐厅几乎都已关闭，为了翌日的第二圣殿倒塌祭日，犹太人开始斋戒，以饥肠辘辘表现自己的虔诚。

在神圣的禁忌笼罩下，灯光下的水果摊、烤肉铺以及人群，像是一条洋溢着喜悦的暗道，许诺你能继续体验日常的诱惑。那家叫“新棕榈”的旅馆的霓虹灯，虽已残缺，仍然固执地闪烁，令你想起丰腴的老板娘、狭窄楼道里的殴斗以及一个嗜酒的落魄作家。

这是耶路撒冷的阿拉伯人聚集区，灯泡瓦数不足，暗淡的光圈让紧闭的大马士革门散发出迷离之气。据说，门前道路的确直接通往大马士革——如今正饱受内战困扰的叙利亚首都。

我们在一家以烤鸡闻名的小店坐下，点了半只烤鸡、几个肉串，以及无法回避的Humus——这鹰嘴豆制作的调味品多少像是老干妈之于中国人。新的禁忌也随之到来，阿拉伯人不提供酒，你只能用甜腻腻的果汁送下油腻腻的烤肉。

饥饿感，是我再度来到耶路撒冷时最直接的感受。对这座圣城，我最初的印象并非宗教和纠结的历史，而是情欲和生命力。2003年夏天，同事小新从以色列采访归来，在和平里一家鱼头火锅店里，他讲述了此行见闻。老城中的哭墙、死海漂浮自然会提到，他还见到了那个留着银白长髯的亚辛，这位令人不安的精神领袖，外貌犹如《指环王》中的萨鲁曼巫师，也是暴力冲突的鼓吹者。

最让他兴奋的是与两位以色列士兵的相遇。他们带他前往耶路撒冷的酒吧，教他如何与陌生女孩搭讪。这两位年轻人白天还持枪闯入陌生人家，搜捕“可疑”人物，夜晚就坐在酒吧里与中国记者闲聊，这种流畅的生活态度令小新费解又感慨。25岁的小新正受困于自己的羞涩以及一段过分漫长的恋情。以色列之行戏剧性地改变了他，让他果断结束恋情，成为了一个要用力拥抱每个陌生姑娘的人。

10个月后，我也来到了耶路撒冷，阿拉法特将逝去的消息几乎将全球的新闻记者都带到此地。巴以间源源不断的冲突，这些冲突背后漫长的纠缠令圣城成为一座新闻之都。

这一切与我无关。作为一个在北京成长的青年，世界即意味着美国以及西欧，它们代表的近代启蒙精神与技术革命是我认定的历史方向。

来到耶路撒冷，更像为了满足一个记者的虚荣心。当我看到自己一心要模仿的《纽约时报》《经济学人》上充斥了关于它的报道，意识到全球新闻业的同行都会聚此地时，自然也想成为其中的一部分。但我不清楚，该用什么视角去理解它，即使“在场”，也并不具备控制现场的能力。

在阿拉法特的官邸外，拥挤的人群令我不知所措，只能靠在一旁的电线杆上读当日的《纽约时报》，看它如何描述昨日此地景象。一位脸颊红红的波兰电台女记者，手持录音机站在一旁，多少分享着相似的迷惑。

离开新闻现场之外，我去老城闲逛。站立在哭墙前，我没有被激起任何历史与宗教之忧思，只是对那些头戴高帽、两鬓留着细长发缕的路人所吸引，他们是正统犹太人。狭窄小道两旁，满是挂满毛毯、丝巾、鞋帽以及旅行纪念品的小店，像是将义乌突然搬到了圣城。我完全忘记了，这每条小巷、每扇打开的窗口都曾充斥着杀戮与恐惧，这里是犹太教、基督教、伊斯兰教共同宣称的圣城。

在一家地下酒吧，我最终见到了那两位年轻士兵。他们都强壮、爽朗，与街头那些士兵并无两样。在耶路撒冷，手持冲锋枪的军人四处可见，他们站在街角，乘坐公共汽车，随时提醒你这是一个战时国家；他们又神态悠闲，像是夏令营的大学生，如果你上前要求合影，他们也乐于摆个姿势。

奇迹不会一再显灵。我和他们的聊天像受潮了的火药，没有迸发出期待的火花。他们试着和邻桌的姑娘搭讪，也并不算成功。我期待着小新式的顿悟，却什么也没有发生。我就这样离开了耶路撒冷，除去我到过那里，并无更深记忆。

这一次的感受略有不同。一个大风的下午，从橄榄山俯瞰老城时，内心涌出一种难以名状的激情，仿佛看到了一层层的死亡、迷狂与虔信。身后那些布满细细尘土的墨绿色橄榄树叶诉说着神秘，苏格拉底、挪亚、恺撒、克娄巴特拉、大卫王都曾被它们环绕。

时隔14年，这一次的耶路撒冷之行，不是因为突发新闻，而是因为一位预言家。希伯来大学的一位年轻学者在过去几年征服了中国。他将人类7000年历史浓缩在一本书中，还给予一切都是虚构故事的判断；他描述正在到来的人工智能与生物技术革命，预言未来社会的悲惨模样，人类很可能成为多余品。他似乎同时是一位历史学者与预言家，用一种不容置疑的语调写作。

站在橄榄山上，我似乎理解了他的思想方式。这地方充满了毁灭与再生，一切真实又虚幻，过去与未来首尾相连，分不清方向。这或许也与我的心境变化有关，从前的那股乐观和深信不疑的线性历史观一同消失了。我隐隐感到，这个被新技术驱动的新时代，不是理性、开放与解放，而是迷狂、封闭与奴役。

接下来几天，我拜访了性格开朗的心理学家，她有着标志性的美国式微笑，像是长大不久的橄榄球场上的啦啦队员。20年前，她从美国搬回耶路撒冷，因为她感到一种召唤，她喜欢谈论“更高的意识”与“神秘体验”，她说自己能够看到未来。我在一个即将成为拉比的医生家喝茶，他说起大屠杀的创伤，塔木德蕴含的智慧，犹太人似乎在过去与未来间穿梭。一个中午，我再次坐在大马士革门外的烤鸡店，对面是一位

30岁出头的巴勒斯坦律师。他满是苦涩的表情，提醒你这座城市的现实压迫。作为巴勒斯坦公民，他没有被世界认可的护照，只能通过旅行证件出国旅行。他成长于此，目睹着以色列占领区的不断扩张，巴勒斯坦人日益紧张的空间，一心想用自己的法律知识来捍卫弱势者的权利。他的日常生活，就是军事占领的生活。

我没见到那位年轻的、过分博学的预言家，我们的会面地点改在了特拉维夫。离开耶路撒冷时，我再度经过大马士革门，觉得它亲密又遥远。

特拉维夫的香港人

朱先生唱起了《我为祖国献石油》，到了“头戴铝盔走天涯，头顶天山鹅毛雪”时，他扬起右手，似乎丰沛感情正从胸膛溢出。他的广式普通话有些含混，声线在一些高音部分明显吃力，神情却专注异常。

我怎么也没想到会在夜晚的特拉维夫听到这首歌，且出自一位香港人之口。Alcnby大街上这家中餐厅有一个响亮却陈旧的名字“龙城”，店名与门口的红灯笼、墙上的书法都让你想起一个唐人街的世界。如果有一位李小龙模样的人出入，一定更为圆满。

特拉维夫没有唐人街，“龙城”孤零零地矗立于特拉维夫的这条干道上，与那些酒吧、比萨店、花店连成一片。在品尝了各式口味的Humus之后，我开始对一份水煮牛肉充满渴望。同事信誓旦旦地向我保

夜晚特拉维夫海滩

证，“龙城”有着全球最佳红烧肉。旅行经常带来感官失调，催生出某种幻觉，我坚信在维也纳吃到了世界最佳的西红柿炒鸡蛋，在东京的池袋公园西口尝到了全球最佳酸辣土豆丝。

“龙城”的红烧肉实在平常，盘底两片生菜尤其难以忍受，像是对沙拉趣味的某种妥协。西红柿鸡蛋汤却是意外之喜，有一种清淡的浓郁。

在上菜的间歇，朱先生从后厨走出来。我喜欢他脸上的淡然表情，和缓的语调，像是从哪一部港片中飘出的人物，像一位厌倦了江湖纷争的退隐者。

一个怎样的“江湖人士”会退隐到特拉维夫呢？现实的朱先生没有江湖往事，却有另一番故事。他出生于惠州，整个童年在一轮接一轮的运动与改造的时代背景中度过，1962年，13岁的他成为逃至香港的难民群中的一员。与我在书中描述的恢宏场景不同，他只平淡地说，他们一行走过边境线，亲人在九龙接下他们。他随即开始融入崭新的生活。60年代的香港，既有工业革命催生出的繁荣与机会，也有伴随而来的动荡与风险。他记得1967年街头到处是人造炸弹的景象，也对于新蒲岗的塑胶花工厂的骚乱记忆犹新。

经由短暂的骚乱，香港迈上了新阶段，它不仅继续创造经济奇迹，还努力建立起一套更为公正、进步的社会制度。相比彼时大陆与台湾，它还享特别的自由，国民党与共产党的追随者都能在此共处。朱先生对工会组织的印象颇佳，他们举办各式联谊活动，学唱革命歌曲。这些穿越到香港的歌曲被过滤掉现实的残酷后，尽是理想主义的浪漫。

1979年春天，当港督麦理浩前往北京拜会邓小平，意识到香港的归还不可更改时，这座城市再度陷入恐慌。所有香港人都有着关于故国的不安记忆。自1841年开埠以来，这就是一座难民之城。中国历次动荡，都将更多人推到这个岛屿之上。英国制度与中国人的勤奋，还有不可缺少的运气将它变成了东方明珠。朱先生是这股浪潮最近的幸运产物。

很多人选择了移民。这也是香港历史命运的缩影，开埠不久，它就是华人劳工中转地，是中国人通往更广阔世界的跳板。

与同辈人纷纷前往美国、欧洲不同，朱先生喜欢上了中东的蓝天与海洋，移民到特拉维夫，开设了此地的第一家中餐馆。

“全世界各地来的犹太人，美国的、欧洲的，自愿到这里，上前线。”餐馆没开多久，他就赶上了黎巴嫩内战。他记得满街都是背枪的人，他们在指定的集合点集结，政府统一将他们送往前线。或许，这也是他第一次深刻感受到犹太精神的复杂性，他们常被描述为高度的逐利性，又表现出强烈的献身精神——为了宗教或是国家。

在接下来的30多年中，战争与恐怖事件从未离开过他。他记得1991年的海湾战争，飞弹不断来袭，它即使在空中爆炸，“也会地动山摇，玻璃全都在晃动”。他跑到法兰克福住了两个月才回来。他更目睹了21世纪初的自杀性爆炸浪潮，在公交车站、在酒吧、在海滩，他看到血肉横飞，一只残臂挂在路灯杆上。

他原本想挣些钱再前往美国的计划告吹了，没人愿意接手他的餐馆。不管香港与内地的移民浪潮多么汹涌，却很少会涌到特拉维夫。谁会真的选择只会出现在国际争端中的城市呢?

他也习惯了这里，学习希伯来语，有了犹太与阿拉伯朋友，离不开那些菜市场，尤其是特拉维夫的海滩，“天空的月亮还是很圆的，比香港的还圆，星星比香港还亮……香港的海水也没这么蓝了”。他甚至对以色列与巴勒斯坦的未来也不无信心，这里既是犹太人也是阿拉伯人的家，“应该有破冰的一天”。

归家的渴望也诱惑着他。尽管一个小小的华人社区正在兴起，很多是随着中国影响力扩张而来的中国商人与劳工。他仍觉得自己是特拉维夫的局外人，甚至多次光顾的小偷都在提醒他这一点——一个外来者要承担更多的不公。但他又觉得此刻的香港，不是他曾熟悉与理解的那个香港，甚至连个住所都不好解决，房子实在太贵了。

汾阳的烟尘

夜晚到来时，汾阳似乎仅仅稍微安静了一点。汾州大酒店的广场，像所有北方城市的大排档一样，空气被熟食的味道与流行歌曲占据着。歌曲的年代是不连续的，音质是粗糙的，音量是挑战耳膜的，我刚分辨出这是苏芮的《酒干倘卖无》，S.H.E的《Superstar》就紧接着涌来。离酒店广场300米远是汾阳县城的中心地带，主干道鼓楼南街是商业区，一座四层高的商场和一家接一家的小店铺，电器、食品、服饰、盗版书籍应有尽有。小店无一不拥有夸张的广告牌，它可能是鲜艳的黄色、红色、蓝色，上面用粗重的字体写上了“广州皮鞋，全场19元”，在19元上面还有一个大大的星号，以表明减价幅度的惨烈，它对面的广告牌上站立着香港明星刘青云。每间小店都在播放音乐，店主的品位各不相同，但对流行因素与高音量的偏爱却是一致的，沿街走上几分钟，从20世纪80年代的迪斯科到2006年的李宇春，你都可以听到。在刀郎最热的时刻，满街都是此起彼伏的《2002年的第一场雪》。

这座小城市总是被各种声音包围着，除去喇叭里的音乐声，还有卡车、小轿车、摩托车的喇叭声和建筑工地的打桩声，它们入侵你的耳朵、头脑，让你无处可躲。与噪音相伴随的是永远无法消退的尘土。从太原坐了3个小时长途车，一下高速公路，迎接我的就是漫天的尘土。我已经习惯了华北地区的那种灰蒙蒙的颜色，即使在春天的树叶上也看不到那种嫩绿，北京每年的沙尘暴也提高了我对空气污染的抵抗力。但是汾阳的空气中的粉尘仍令人吃不消，在关上了车窗的汽车里，闭了门的酒店房间里，废旧的电影院里，都躲避不了。人们在尘土里、噪音里呼吸、行走、交谈、相爱、迷惘……

我坐在汾州大酒店的广场上，等待安群雁的到来。他今年36岁，是一个有着14年婚龄的丈夫，同时是一位13岁孩子的父亲，当地建设银行宏达储蓄所的所长，住一套105平方米的房间，对于每个月2000元的收入还算满意。他对明天（也就是7月1日）的工作有点焦虑：那是电子国债的第一个发放日。他的浅蓝色衬衫没有规矩地放进皮带里，一角散落在外面，上面有一两点污迹，衬衫里面是一件白色T恤衫。握手有力，笑容灿烂，那种亲切感像是邻家那位失散多年的憨厚大哥。

在同事的眼中，他是短暂的明星。在年轻、才华横溢的中国导演贾樟柯1998年的电影《小武》中，他饰演一位药铺老板。那部在所有人眼中“完全不像电影的电影”，成为过去20年中国最令人难忘的影像记录，或许也是最重要的社会记录之一。

在《小武》及接下来的《站台》《任逍遥》中，贾樟柯将镜头对准了他度过青春岁月的汾阳县城及距它不远的大同市。这是一个与人们热烈谈论的“中国的经济奇迹”不同的世界。小城的青年似乎被甩出了经济增长的快车道，社会变化的速度将他们的内心转变远远抛离在身后，他们无力掌握自己的命运，内心慌乱不堪。中国压缩式的现代化在他们身上表露无遗。似乎昨天他们仍浸泡在毛泽东思想与计划经济的思想中，迷恋《林海雪原》与《三国演义》的英雄传奇，准备成为一个国有工厂的工人；今天就要会在卡拉OK厅里唱张学友，义无反顾地在商业化浪潮中分得一杯羹。

《小武》在1997年的冬天在汾阳的西关集贸市场开拍时，这座超过2000年历史的古城正进入它第一轮的拆城高潮。人们准备进入新时代，所有一切昔日的痕迹都在扫清。古城墙已被拆除，城市中的老建筑则被一点点铲平。在安群雁的记忆里，此刻，汾阳的国有企业大多已经倒闭，人们拆除了旧世界，却不知道新世界在哪里。

9年之后，汾阳仍在修建道路与新的楼房，但是在商业区我们看到的不是一个生气勃勃的新市镇，而是一个充满仿制品与过分喧闹的破落小镇，拥有中国所有小镇千篇一律的形式。

安群雁谈起，炼制焦炭已是城市重要的经济来源之一。在过去的5年中，全国普遍的能源紧缺给整个山西带来崭新的机会，煤炭的价格突然上涨了好几倍，那是中国经济车轮高消耗能源的结果。“每一篮子拉出来的不是煤而是人民币。”他感慨地说。紧邻汾阳的介休是一个更主要的产煤区，那里的污染更为严重。一位本地人说："开车进去时你是欧洲人，出来时你就是非洲人了。"那些曾经不显眼的小城，突然涌现出大量的百万富翁、千万富翁与亿万富翁。在好几年中，山西有点像是发现了金矿的19世纪50年代的加利福尼亚。

像很多小城一样，汾阳总是被这种突然到来的潮流所裹挟，有些时候是幸运的，但更多时候它则是迷惘的。墙上的"文革"标语还未消退，淘金热潮就已到来。历史早已贬值，没人关心唐代的大将军郭子仪正是汾阳人，而梁思成与林徽因之前来这里寻找过古建筑。人们总是想抓住什么，汾阳曾经拥有比平遥更完整的古建筑群，但是汾阳人更积极响应了那股席卷中国的拆迁潮流，如今，它只能羡慕地看着平遥作为古镇的风光。

在入城前的转盘上，我们看到了遥指杏花村的牧童的雕塑，它平庸、肮脏，缺乏杜牧诗中的伤感与飘逸。杏花酒厂是这座小城的骄傲和最重要最稳定的财政来源，被唐代诗人杜牧盛赞的汾酒也是1915年巴拿马万国博览会的金奖产品。酒厂远离城市，它可能是这座城市唯一经受住了变迁考验的元素。

从北京向西坐上10个小时的火车，来到了太原，再坐2个小时的长途汽车，汾阳就到了，那是另一个版本的中国故事。

中山陵

沿着中山陵漫长的石阶往上走，我期待的肃穆淹没在人群的喧闹中了。人们总是在拍照，在台阶上、入口处、华表前，为了看谭延闿书写的碑文，我必须耐心地等待十分钟，一个又一个游人站在石碑前，姿态各异，表情喜悦，等待同伴将自己装入镜头，就像苏珊·桑塔格说的，在没有被摄入照片前，你不能肯定你游览过此地。

像很多游览胜地，游客总比景观更像是主体，也像中国所有的景点一样，在中山陵门口最醒目的位置，张贴着“禁止随地吐痰与大声喧哗”的“游人须知”。在由“博爱”“天下为公”“民族”“民生”“民权”这些词构成的中山陵里，“游人须知”显得格格不入。

当然，没有人注意这些。天气炎热，我看到了裸露上身的男士，喧哗声即使到了存放孙中山遗体的墓室中也没完全消失，而每隔几分钟，总会看到人扭头向石阶旁的草地上吐痰……

我突然想起1924年3月孙中山在黄埔军校的演讲，除去表达对中国与世界正在变化的革命形势的观察，他还提到随地吐痰与任意放屁是中国人的两大毛病。那是孙中山生命的最后时光，他之前的生活的一连串挫折，只有很少的时刻，某种意外的荣光才降临于他。

他试图寻找到一条帮助中国摆脱屈辱处境的道路。1894年，他曾向李鸿章自我推荐，却被拒绝。他们是两个时代的思维，李鸿章这一代相信通过“坚船利炮”实现军事上的现代化，就可以应对西方的到来这一“三千年未遇之大变局”，但1895年的甲午战争摧毁了这一信念；1898年康有为、梁启超半调子式的政治制度改革的失败，再次加强了孙中山彻底推翻帝制、引入西方政体的信念。但是政治体制上的变革并非那么顺利，在意外而短暂地成为中华民国临时总统后，权力还是回到前清大臣的手中，一个旧世界分崩离析了，新世界却并未建立起来。孙中山相信过修建足够的铁路可以救中国，期待过南方的军阀可以帮助他统一中国，晚年时，苏联的经验则对他产生了致命的吸引力……但是，他始终不无惋惜地看到，他一心期待获得新生的国家似乎总是在沉睡之中，中国人总是一盘散沙，无法摆脱种种经年累月的陋习。他越来越觉得，中国人不随地吐痰像政治上的共和制一样至关重要。

南京充满了种种政治痕迹。紧邻中山陵的是明孝陵，明朝的第一个皇帝朱元璋埋葬于此。是他开创了政府对普通人强大控制力的传统，他也是政治清洗传统中的最著名统治者之一，他对中国社会的理想是稳固的、停滞的、内向的、小农传统的……

我在7月29日那个闷热的下午到来时，南京似乎正在为自己的身份焦虑不堪。本地主要报纸《现代快报》说，“博爱之都”“第一城垣”“绿色之都”，这些别号似乎都不足以表明南京的独特性，至于“六朝古都”，记者抱怨说几乎找不到这些昔日遗迹了。南京人试图创造一些，为了迎接7月31日中国传统的七夕节，两万名青年男女在公园中速配，在巍峨的明代城楼中华门上，相亲的男女还叠了77万只被称作“爱情鸟”的纸鹤，申请了吉尼斯世界纪录。

在中华门上闲荡时，夕阳业已下山，城市变得富有诗意起来，600年前的青砖墙凝重配上廉价的纸鹤，有种说不出的奇特效果。我想起了下午在长江路上的总统府里的感受。它曾是两江总督府，林则徐、曾国藩、李鸿章、张之洞都曾居住在此，他们都深切感受到传统中国的无力；当洪秀全领导的太平军占领南京时，这里被改造成天王府——在这场中国历史上最浩大的农民起义中，领导者固执地相信自己正是耶稣的弟弟，《圣经》是他们的意识形态，他们将缔造一个人人平等的乌托邦，但他们的失败却是缘于他们互称兄弟的领导者间毫不怜悯的内部屠杀；孙中山是在这里宣誓就任总统的，而蒋介石则在此商讨围剿共产党的计划，汪精卫、李宗仁、冯国璋、甚至“辫帅”张勋都曾是这里短暂的主人……解放军战士1949年将红旗插到这里则是中国历史的又一个转折时刻，在前往南京飞机上的一本杂志里，我还看到了陈逸飞1976年的油画《占领总统府》……

坐在昔日的总统府订阅报纸办公室门口的长凳上，眼前正好搭着一件正在晾晒的绿色军大衣，不远处正是蒋介石1948年接见一些国家新任驻中国大使的黑白图片。历史的恍惚感此刻变得鲜明无比。在我成长的过程中，历史是依靠时间点划分的，1840年的鸦片战争、1911年的辛亥革命、1949年的中华人民共和国的成立……这些确切的年份，似乎将历史一分为二，之前是一个世界，之后又是另一个世界。

我差点忘记了，李鸿章、孙中山、蒋介石、毛泽东，甚至洪秀全面临的是同一个中国社会，他们都以各自的方式做出反应，一些人更为敏锐、更果敢、更高尚，另一些人则可能顽固、残忍，有人拥有政治理想，有人则干脆是赤裸裸的野心家……他们都面临着一个挑战：如何激活一个被惰性、分裂、资源匮乏所逼迫的社会，如何重新在外来者面前赢得尊严。他们中最有力的是那些最能体察中国社会根本矛盾的人，他们知道那些看起来迟缓、忍耐的中国人，随时可能变成一群躁动、为了目标甘愿抛弃掉一切的中国人……孙中山抱怨中国人缺乏现代人素质，40年后，新落成的南京长江大桥上刻上了“人民，只有人民，才是创造世界历史的动力”。

十里秦淮河尽头，飘散着浓烈的臭味，夫子庙码头，霓虹灯闪烁，读书人在北岸的贡院里考试，探求安邦之道，而南岸则是烟花之地。400年前，即使在南明王朝覆灭前夕，这里的狂欢也未中断。距离夫子庙500米是太平天国时期的东王府，1856年的一场血腥屠杀发生于此……

种种彼此矛盾的现象，总是在这个国家共存，所有看似激烈的灾难、变革，很快被日常生活的惰性所吞噬与抚平。每代领导人都面临着孙中山式的尴尬，在他演讲80年之后，中国人仍习惯性地随地吐痰。

这个国家一方面看起来日新月异，另一方面则毫无变化。每代政治领导人都想开创一个新时代，却往往发现他们更多受困于漫长的传统。倘若南京要寻找自己的特性，它的政治传统与日常生活间的关系倒值得深入研究。

北平的味道

一

海棠花落了一地。经过阴雨、飘雪、冰雹的1周后，春天还是回来了。在花家地社科院的大门口，我在等叫的车。有了电子导航的司机们丧失了基本的方向感，时常要吼上两次，他们才能找到一个再明确不过的地点。

我有些恍惚，既因昨夜糟糕的睡眠，也与正在读的这本书有关。封面模糊看出一个着马褂的男子，“侠隐”二字大大咧咧地印在他的胸前。连续3天，我沉浸在张北海描述的北平之中：英俊敏感的李天然，如何寻仇，如何卷入中日危机，又如何与几个迷人女子卷入或深或浅的情感。这是1936年的北平，一切皆有可能。

这是一次迟来的阅读。3年前一个深秋之夜，我见到张北海。在后海旁的一个院落，他回忆起塑造了人生的3个城市：20世纪40年代的北平、50年代的台北，还有60年代的洛杉矶。

他消瘦、修长，颈上绕一条窄巾，戴棒球帽，穿白色运动鞋。他鹰爪般的手指钻进冰桶，颤抖却有力地将冰块扔进酒杯，他尤其钟爱单一麦芽威士忌。他身上有少见的酷，那是北平的公子哥儿与纽约的波希米亚混合出来的质地。他喜欢白光与詹姆斯·迪恩，他自己的牛仔裤后袋里常揣着小酒壶。

1936年到1949年，他出生、成长在北平，一个不断被攻占与解放的城市，一种要消失的文明；然后是台北，它处于冷战前沿，一切风雨飘摇又压抑不堪；1962年，他匆忙地逃离，赶上美国的60年代，对一个年轻人（倘若你不需要去越南打仗）那是再好不过的时代，你可以在摇滚乐、大麻、性解放中探索个人自由，同时加入反战、平权运动追寻社会公正。

他那晚略显羞涩，说这是他第一次公开演讲，为此手里还攥了几张卡片，以防过分信马由缰。可他让人着迷的不正是这信马由缰吗？从炸酱面、牛仔裤到好莱坞、东非景象，他的文章散漫不羁，他的读者也是。多年来，他为一群隐形的读者写作，他们散布在中国香港、中国台湾、新加坡、纽约、洛杉矶、伦敦，归属于那个确定存在，但无法确定描述的海外华人社区。我很少看到一个中国作家像他这样四处飘荡，且又安于这飘荡。我尤喜欢他对醉酒的描述：“因为酒在体内消失的过程反而使你更烦、更闷（借酒绝对消不了任何愁），于是你就再来一杯，希望能再回到慢慢进入高潮过程中的那种舒畅感觉。但问题是，这个高潮一去不返。你永远无法再回到从前。除非你在真的完全清醒之后从头来过。那多麻烦！于是你就又来一杯……是高潮过后这一杯又一杯，最终送你进入醉乡。长远下去，还使你的肝硬化。”

他还对我讲了李小龙的故事。20世纪60年代，他在洛杉矶一家花店打工，曾卖花给这位尚未成名的巨星，后者在付钱后，对一脸懵懂的他说：Catch me on TV。几年后，在内罗毕工作的张北海发现非洲乡下孩子都向他这张华人面孔叫喊“Bruce Lee”。这个插曲反映了他的特性，他是个旁观者，喜欢不经意的欣喜。

他的弱点似乎也在于此。五花八门的经验常只是欢快的流水账，没有转化成对个人与时代的思考。他的文章总是滋味清淡，缺乏一种充分满足感。

很可惜，那时我尚未读到他的《侠隐》。在多年散文写作后，他写了这样一部侠义小说，背景是中日战争前的北平。但我记得他讲过的一个细节：那几年，他如此沉浸于对北平细节的构建，以至在彻夜写作后的清晨，他出去买咖啡，在皇后区的街头心生恍惚，竟会感慨“为什么今天的北平有了这么多外国人”。

二

在这个傍晚，我似乎看了书中的关巧红。看手机时，一个身穿蓝色紧身裙的姑娘从我身边晃过。她留着齐耳短发，低着头、夹着一个红色笔记本。她经过一家文具店，一家复印店，然后是一个福州老板娘的牛杂店……这些小店都有着红蓝相间的丑陋招牌，北京、上海到每个县城与小镇皆随处可见，倒是与黄色、橙色、蓝色的共享单车相配。而这线条柔和的紧身蓝裙，像是意外的闯入者。

是她低头的姿态、摇摆的腰身，还是缺觉带来的恍惚，让我想起了烟袋斜街那个动人的寡妇？关巧红会剪裁长衫，陪你散步，故意塞错一方手帕，融化你所有的紧张与狂乱，倘若你落难，她定挺身而出。她穿白色单褂，是“清清爽爽的瓜子脸，没擦脂粉……亮亮的眼珠儿……浅红的唇，满满的胸”。

然而最终开到眼前的是一辆黑色大众，不是黄包车。我倒希望穿着白衬衣的司机是祥子的模样，能逆行截住在京密路等红灯的蓝裙姑娘，问问她是否也姓关。

出于一个过分功利的目的，我开始阅读《侠隐》。我要去采访姜文，他的新电影基于这本小说，并改成了一个毫不诗意的名字，《邪不压正》。我曾着迷于姜文“阳光灿烂的日子”，但军队大院视角能捕捉到北平的气味吗？姜文已描述过他心目中的民国，它是黄四郎的鹅城、马走日的上海，但它更像《动物凶猛》的延伸，富有诱惑，却不那么恰当。

《侠隐》的语调与行文，让我很快忘掉了姜文。“东单、西单、灯市口、王府井，到处都摆着月饼、兔儿爷、菊花、供果。还有卖风筝的，卖蛐蛐儿的”“饿了就找个小馆儿，叫上几十个羊肉饺子，要不就猪肉包子，韭菜盒子。馋了就再找个地儿来碗豆汁儿，牛骨髓油茶”，北平风味顺着纸面自然溢出，溢出的还有那些迷人的北平女人——把李天然的手按上自己胸脯的关巧红，在南下火车上抛出银色打火机的唐凤仪。这本小说唤醒了我一种生理感受，它强烈又淡然，喧闹又静谧，紧张又闲散，古老又年轻，直截了当又暧昧不清。城中男男女女的仇恨与怀疑最终都被柔情所包裹。

小说主角既是侠客、投机者、抗日英雄，也是北平。这城市有颓废之美，“那象牙小壶，那黑黑褐褐的烟膏，那细细长长的针，那青白色的鸦片灯，那个老古董烟床，那个伺候烟的小丫头”。与此同时，北平也拥抱全球文化，客串编辑的侠客要编译有关卓别林《摩登时代》、放弃王位的爱德华八世、胡佛水坝的文章，编辑助理小苏则投奔延安，这是她眼中的未来。

这也是动荡中的北平，老奶奶感慨“庚子那年，八国联军进来，我都没怕……如今还怕个小日本儿”，马凯大夫则说没赶上甲午与义和团，“可是赶上了辛亥革命，成立民国，赶上了袁世凯称帝，完后的军阀割据混战，赶上了孙中山去世，就在我们‘协和’，赶上了北伐，跟打到去年的内战，赶上了沈阳事变……现在又赶上了一次中日战争”。这些动荡却也激活了这座城市，让它从帝国权力中心的桎梏解放出来。南京是南方权力中心，延安代表新兴权力，北平反而变成了前沿，充斥着种种冲突与不确定。琐碎的日常生活，都因这动荡而散发出独特魅力。

三

这个北平离我太过遥远。在王朔的小说与姜文的影像中，我感受到的是一个看似自由，实则充满权力气息的北京。从北平到北京，就像从Rangoon到Yangon、圣彼得堡到列宁格勒，或是西贡到胡志明市，简单名字变化背后是城市味道、颜色、节奏，以及一整套生活方式的变化。如今，就连王朔与姜文的北京都离我远去了，一个崭新的北京正在兴起。这个北京的味道是什么？一位住在望京的朋友说，那是泡菜的味道，他所在的社区都是韩国人。

这城市正在发生新蜕变，五颜六色的外卖摩托车取代了黄包车，烟袋斜街已变成丽江的拙劣翻版，尽管广福观犹在，或许关巧红与唐凤仪早已投身于视频直播，一种无处不在的权力感四处弥漫。

或许，这也正是我们回忆北平的最佳时机。所有最美好的一刻，都是在想象与误读中到来的。

被夸大的神话？

先是一家盗版CD、DVD的，接着是卖眼镜的，然后是挂满的皮包和女孩子喜欢的小饰品……这些摊位都拥有统一的宽度，大约3米，而长度则有不同，最窄的不过一米半，长的是4米。一排排的摊位就这样一直延伸着，两排摊位间隔出了不到2米的走廊，我在其中不断和其他顾客挤到一处。

两三个女孩子或站或坐在这些堆满商品的几平方米中，等待别人的询价和讨价还价。她们个子不高，皮肤黑黑的，拥有一张你一看可知的"东南亚面孔"，说着我听不太懂的英语和完全不懂的菲律宾话。在那个卖药品的小摊位，我碰到了一个皮肤白皙的中国姑娘，她来自四川，半年前来到这里，因为她的一个同乡在此开设了摊位。

“一路发商场”的五个红色隶书的大字压在蓝色的背景下，一旁是菲律宾本地的连锁快餐店Jollibee的广告，它在这座由数不清的小摊位构成的三层建筑中开张了一家新店。

“一路发”是阿拉伯数字168的中文谐音，带有中国人喜欢的吉利色彩。没有宗教信仰，中国却在房屋的位置、屋内的东西的摆设、随机的数字中寻找到命运的寄托。“如果你想了解新移民，”《菲律宾星报》的专栏作家李天荣对我说，“那去看看一路发。”李天荣用英语写作，讲起中文来语速更快，他总是笑容满面，在你做出一个判断之前，他已经重复好几次“好，好，好”。他采访过菲律宾所有的重要人物，为《福布斯》分析菲律宾富豪的财产，他是本地的第6代华人，像本地的200万华人中的大多数一样，他的故乡是福建。

当时，我们坐在文华酒店的咖啡厅里探讨新一代华人移民的特性。这一代移民是在20世纪80年代以后，中国再度打开国门之后来到此地的。“他们比我们工作更拼命，也更无所顾忌”，李天荣说新一代移民们可能5年前仍只是经营着一个小摊位，而现在则拥有几处地产。

“一路发”像是遍布在中国很多城市的商品批发市场的翻版，除去那些面孔黝黑的菲律宾女孩子，据说她们背后的很多老板都是这些中国移民。他们将中国过剩的生产力制造出的廉价商品运到此地，以低价格出售。他们大多很勇敢，或许一句英文与菲律宾语都不会说，凭借一个计算器却走遍菲律宾的大小市场。

穿过帕西格河，河岸这一边的西班牙建筑、大片空旷的草地消失了，我们到了马尼拉的中国城。三轮自行车，成群结队的被涂上各种涂鸦的小型巴士“吉布尼”，人流都拥挤到一起，建筑破旧，噪音与乐音充满到每一个角落，那些商场门口大声放着节奏感十足的本地流行音乐，而挂在电线杆的喇叭里则是福音歌，做生意和教堂里的祷告声混杂在一起，脚下流淌着污水。在一瞬间，我就置身于热气腾腾的生活中，那种人们想象中的亚洲在崛起时所蕴含的活力，“一路发”正成为超过200年历史的中国城的新的标志之一，是中国强大的轻工业生产能力的表现，其中也充斥着每一个中国人习惯的假货。

在看到一路发商场之前，我们一直试图联系菲律宾最富有的人物，在我们的名单上有陈永栽、施至成、郑少坚等。我对他们所知甚少，根据媒体上的不连贯的报道，我印象中菲律宾的经济是由华人主导，2%的华人占据了这个国家40%甚至更多的财产。这似乎是东南亚的普遍状况。在很多时刻，我分不清菲律宾、印度尼西亚、马来西亚或是泰国那些商业巨子的差异，他们大多是华人，被一层神秘的面纱笼罩，生意的范围广泛，大多为垄断产业，与所在国政府的关系密切，公司的结构极不透明……在1997年的亚洲金融危机爆发前，他们赢得了全世界的赞叹，华人似乎拥有某种不可思议的商业能力，世界范围内只有犹太人堪与作比。

“他们的成就被夸大了”，吴文焕的评论令我略感意外。此刻，我们坐在马尼拉的旧城区里的菲华历史博物馆的会议室里。吴文焕今年57岁了，有一张没有明显特征的南方人的脸，他的普通话带有闽南口音。1954年，他从福建晋江前往香港，1960年，再由香港来到马尼拉，他的父亲已在这里扎根了。东南亚华人移民的历史就是这样，年轻时离开家乡，然后回到家乡娶妻生子，再离开；等到儿女长大后，再将他们接过来，或是一个同乡拉上另一个同乡。在吴文焕离开晋江时，这种移民模式在福建与广东省已持续了几百年，这些省份地处帝国的边缘，缺乏耕种的土地和其他资源，他们只能前往海外寻求生存与富足。

马尼拉是这些移民最早的选择地之一。早在10世纪时，中国与菲律宾就有了贸易往来，到了16世纪时，马尼拉已在全球贸易与中国经济上扮演着重要角色。尽管中国人很早到来此地，但菲律宾的近代历史却是由西班牙人开创的，1571年，在麦哲伦环游世界到达此地50年之后，它成为了日渐扩张的西班牙帝国的亚洲殖民地。西班牙人将墨西哥的白银运到了马尼拉，再由马尼拉运往中国，从而创造了中国明朝末年的商业繁荣，而从这里运往欧洲的中国的瓷器、茶叶，是那个年代最重要的国际贸易商品。

在和吴文焕谈话之前，我们参观了这座建成7年的博物馆，它记载了中国人在这个陌生之地的曲折命运。我对那幅铺满一整面墙的画印象深刻，它是3个世纪前一位西班牙传教士的作品，所画的是1602年那场著名的大屠杀，当时在马尼拉超过两万名华人被西班牙人所杀。

源源不断地涌入马尼拉的中国人，是商人、手工匠人，是西班牙殖民者与土地居民的中间人。中国人对做生意的热衷，使得西班牙人用“Sangley”称呼他们，这正是闽南语里“生意”的谐音。但是，不信任感始终存在于华人与西班牙人之间。西班牙人为自己修建了欧洲古堡式的“王城”，而华人则被要求统一居住在王城外的八连城内，白天，他们出来做生意，夜晚则被限制在小小的城内。关于1602年那场屠杀，我们所知不详，只知道马尼拉的华人被屠杀殆尽，这场屠杀还导致从马尼拉前往中国的白银运输量锐减，白银的减少导致了中国境内的经济危机，加速了明王朝的灭亡。

望着那幅刀光剑影，被火光与鲜血占据的画面，我不知该作何感慨。我该为中国人的生命力而骄傲吗？华人居住的八连城地址更改了9次，每一次搬迁都伴随着一次或大或小的屠杀与骚乱，但是华人一直顽强地生存下来，并且人口继续增加；还是应该痛心？尽管数量上占据着绝对优势，华人却从来没有能力和远道而来的西班牙人抗衡，他们总是处于从属、屈服、屈辱的地位。

西班牙人给菲律宾带来了天主教和热衷歌舞、享乐的传统，1898年之后，美国人则带来了现代世界的“自由”“民主”与英语教育，美元援助……中国人给这里留下了什么痕迹？

吴文焕将我们领到博物馆的图书室内，里面是将近20年以来，华裔文化传统中心所收集的书籍与杂志。墙壁上悬挂着鲁迅的水墨画，门口还有梁启超翻译的黎萨尔的诗歌——他是菲律宾早夭的建国之父，这个国家的孙中山。在那个午后，图书馆散发的气息令人迷醉，油墨和潮湿带来的霉味混合在一起。倘若要研究菲律宾的华人历史，没有比这里的收藏更丰富的了。藏书中的很大一部分与东南亚华人创造的经济奇迹有关，它是中国人给这些国家带来的主要影响吗？

“渲染经济成就既不符合事实，也对我们的生存环境不利”，吴文焕显然对于国内媒体的片面、一厢情愿的报道深表不满。作为一名业余的历史学家，他在10年前出版的一本小册子《关于华人经济奇迹的神话》中，他认定海外华人的经济成功，很大程度上得益于历史机缘，如果华人真具有令人诧异的商业头脑，那为何在制度更为健全的美国、欧洲与日本，华人没有取得对应的经济成就？而且吴文焕发现，对于菲律宾的华人商业巨子的成功，他身上的菲律宾国家特性可能比他的华人特性更重要，况且“不仅这些人是华人，那些一生在贫苦上挣扎的小摊贩也是华人”。“融合是本地华人最好的安排”，吴文焕和他的同事们在1992年共同创造了“菲华”这个词，就像“非洲裔美国人”一样，它代表着在菲律宾的华人的新身份传统的形成。

不过，令吴文焕深感不安的是，中国人对于自己的传统与特性的研究缺乏兴趣。那个图书室吸引了日本、美国使馆的人员到此寻找资料、探究华人的秘密，而中国使馆却对此毫无兴趣。而对于新一代中国移民，吴文焕则发现他们变得和过去不太一样，“他们更大胆，也意味着失去道德上的限制”。

另一个新加坡故事

一

他真英俊。

在第一张照片上，他和一群代表坐在新加坡立法院议事厅。他坐在照片最右边，脸上带着显著的孩子气，仿佛刚从学生会走出来。他才23岁，是这个包括首席部长马绍尔在内的宪制代表团里最年轻的一员。这是1956年4月，这个代表团将前往伦敦就制宪问题与殖民部官员谈判，为新加坡争取更大的自主性。他身旁的李光耀是一位声誉卓著的律师。

在第二张摄于1958年的照片中，他走在樟宜监狱的水泥墙旁，穿白衣白裤与凉鞋，左手插入裤兜，右手正向上挥舞。他偏分的发型一丝不苟，方正的面孔带着笑。他的神情与姿态，颇有一丝张国荣式的潇洒、不羁。若不是身旁那位黑肤色的狱警，你会觉得他不是前往牢狱，而是去参加一场记者招待会。

在另一张摄于1961年的照片上，他站在立式的麦克风前，右手向上挥舞。他的脸颊丰满了一些，仍带着笑，他是在快乐世界向上万名支持者宣布社会主义阵线的成立。

而在第4张照片里，他着松垮的狱服，置身于几个狱友之中，对着镜头，他依旧向上挥舞着右臂。这是1965年的新加坡，也是这个国家的独立之年。作为独立运动最有力的倡导者，他身陷囹圄，关押他的正是他昔日的盟友李光耀。

在这本《我的黑白青春》中，我看到这些照片，几乎一下子就被林清祥的气质所吸引。他像极了20世纪中叶那些理想主义者的面貌——单纯、无私、乐观、愿意为信念献身。我几乎可以想象他在人群中的超凡魅力，当他大声用福建话喊出反对殖民者的口号时，他一定会引起剧烈的欢呼，而少女们则怦然心动。在那个年代，政治人物仍可以充当摇滚明星。

这本书的作者林清如是林清祥的弟弟，多少也缘于后者的关系，他也在监狱中度过9年时光，20岁到29岁，几乎是青春最灿烂之时。这本书的一部分是林清如对自己成长的描述，作为一个出生于1937年的马来亚的福建移民之子，林清如折射了20世纪东南亚的变迁。他的祖父母在辛亥革命前夕从泉州南下，是15世纪起就开始的断断续续地“下南洋”

浪潮中的一员。他则从出生起就卷入了层出不穷的历史事件中，日本人入侵、反殖民的独立运动……作为东南亚的华人，你必然地陷入身份的纠缠之中。不管你反抗的是日本人还是英国人，你的精神源泉必然来自北方的中国。但是当你要面对要独立的马来亚或是新加坡时，你又如何处理自己的华人身份？况且1949年之后的中国又是被卷入红色意识形态之国，是冷战阵营的另一方。

在林清如的回忆录中，你可以看到这一代华人青年的精神结构，他们是阅读鲁迅、听《国际歌》的一代，对平等的渴望塑造出他们的反抗精神。他们也是群众运动的一代，现代意识形态与传播工具，令学生与工人们获得了参与政治的机会。因为哥哥林清祥的缘故，林清如卷入其中，并随机在其中发现了自己的热情与意义。但随即，他就发现被背叛之痛。

林清如的回忆有跨越空间的亲切感，他的监狱生活让人想起台湾的《绿岛小夜曲》，他们的理想主义热情则是某个时代全世界的左倾青年们的共有特性。他也是个令人赞叹的服刑者，在狱中自修并取得学位。而在出狱后，他开始了成功的职业生涯。

但是，他的哥哥林清祥则没那么幸运。在这本回忆录的第二部分，他集中回忆了林清祥，并刊登了后者的遗稿。

在1969年被释放、驱逐到英国后，林清祥不仅失去了政治舞台，甚至连人本身都被损坏了。在英国，他想重回学术界，却困难重重，打击接二连三，包括父亲的去世。在一张旧照片上，他站在伦敦街头的一个水果摊前，卖水果。几乎很难想象，他曾是东南亚最引人瞩目的青年政治领袖。当他在1996年去世时，他的痕迹几乎从新加坡历史中抹去。李光耀的新加坡故事占据了世界舆论的头条与新加坡的学生课本，他正是柏拉图笔下的“哲人王”。他不仅将一个毫无希望的热带小国带入经济最发达国家之列，而他的洞见也远超这狭小的690平方公里，延续的岁月则更是绵长，从美国总统到日本首相，都乐于倾听他对地缘政治、经济发展、国家治理的建议。至于其他的一切，都不过是杂音。

二

我从未喜欢过新加坡。在10年前的一次短暂行程里，那些高楼给我一种压迫感，一切过分整洁与富有秩序，无处不在的炎热与潮湿与无处不在的空调似乎让人的感受陷入感受力的停滞。只是在牛车水的街边排档喝虎牌啤酒时，我才感到一丝畅快。我的感受也深受荷兰作家Ian Buruma（伊恩·布鲁玛）的影响，这位荷兰作家称新加坡像是一个主题公园，异议的声音被严密、有效地清除，人们在繁荣与富足中过着不健全的生活，所有的问题都被简化成技术性的问题，生活的多样性与个人自主性被极大地压抑。

但10年前，这些感受都是书面上的，甚至是想象出来的。而这一次到来，我则更真实地感受到不同声音的存在，另一个被压抑的新加坡声音的存在。我遇到了孜孜不倦的“异议声音”，他看起来像是个温和的教授，所提的主张也不过是普遍的原则，却遭遇着长期的压制；当年的南洋大学的学生们，讲述华语在这个新加坡模式中被深深地压抑；还有再普通不过的青年人，他们都觉得自己像被罩在一张沉闷的安全之网上……在书店里，我发现了一本绝妙的小书——《新加坡：被空调化的国家》。一位昔日的《海峡时报》的编辑Cherian Geonge（谢里安·乔治）用一种局内人才有的触感描述了新加坡政府那种全方位的、常常是技艺高超的控制能力，从自然到人的内心，它试图提供一整套方案。

它也包括与林清如先生的会面。在武吉巴梭路的怡和轩中，我和他们喝白粥、吃小菜，据说这种福建味道也是当年陈嘉庚的日常用餐。在会馆的一楼则是陈嘉庚的展览，这也真是历史的嘲讽之处。在新加坡的历史中，林清祥被指控是一个共产党，在那个严酷的冷战年代，这足以置他于死地。而如今的档案则证明，林清祥或许有左倾倾向，却未与马来亚的共产党组织产生联系。而会馆的一楼却是陈嘉庚的展览，这位当年的南洋侨领在20世纪50年代初投奔新中国之后，就在历史舞台上消声了。他也无法再返回新加坡，这也是东南亚华人夹在历史潮流中的尴尬的另一个例证。

在乌节路的一家咖啡馆里，我看着人潮之涌动，耳边是此起彼伏的“Singlish”，到处是建国五十周年的横幅。我在想如果林清祥没有出局，新加坡会变成何种模样？

很有可能，林清祥被浪漫化了。因为同情历史的失败者，我们有意夸大了他的能力与魅力。新加坡也可能变成另一个金边、胡志明市吗？

但这种或许的“夸张”也是对之前单向度历史的纠正。新加坡模式的裂缝正在出现。重塑记忆是一股巨大的力量。

新加坡正陷入一场“历史的战争”“记忆的战争”之中。尽管李光耀仍无处不在，但另一个叙述开始兴起。这多元的记忆与叙述，才可能创建一个更值得生活的社会。

欢呼的囚徒

一

“这是一个困惑的时刻”，Ma Thida说。

我们在Nervin咖啡店见面。这家落地玻璃墙的咖啡店与它所属的Shopping Mall都是新仰光的象征之一。

比起上一次到来，仰光似乎更有活力、更鲜亮，也更镇定。那家叫Trader’s的酒店重新装修，变成了Sule香格里拉，著名的昂山市场旁新开了新的Parkinson商场，它的对面又是肯德基——是这家全球连锁品牌在缅甸开的第一家店，报摊上摆出了新出的载满商业新闻的英文报纸，交通更加堵塞，一过下午4点，你就看到市中心变成了一个停车场……

是的，大金塔、红色袈裟的僧侣、脸上涂上“那卡塔”的少女仍带着异域风情，但你感觉得到，仰光正在朝向一个你熟悉的方向大步前进。我想在20世纪80年代第一次喝到可乐、在90年代初第一次吃到麦当劳的中国人一定有种似曾相识之感。

表面的相似之下，又有一种截然的不同。他们刚刚经历过一场全国性的选举，那个反对派全国民主联盟（NLD）像25年前一样赢得了压倒性的胜利。与25年前不同，军政府不准备囚禁它的领袖昂山素季，那个常年的独裁者丹瑞将军甚至与他的昔日囚徒见面，共同讨论权力的平稳过渡。至少在名义上，自1962年就统治缅甸的军政权准备将权力移交给一个民选政府。尽管因为宪法条文，昂山素季可能无法成为总统，但在投票前为了安抚她的支持者们，她说自己将“从更高的层面来领导”。

我到来时，大选的狂热与躁动已经散去，这或许也是持续了5年的亢奋期的暂停。自2010年11月昂山素季获释以来，一连串戏剧性的变化接踵而至。政治犯被释放，常年流亡者归来，新闻审查制度废除，国际制裁解除，囚徒成为议员……长期冰封、孤立的国家突然进入了政治、经济、社会都高度活跃的时刻，而且是加速度的。

2013年3月，我初次来到缅甸。“No fear，no fear（不再恐惧，不再恐惧）”，记得一个出租车司机对我说。是的，整个城市都洋溢着一种畅快感，像是从漫长的冬日突然转入了暖春。最重要的象征就是，那个被长期监禁、成为禁忌的美丽女人出现在所有的报纸头版上，她的海报被四处悬挂，尽管它们的印刷质量都不佳。

我也记得自己当初难耐的兴奋。我想写一本关于这个国家的书，它的过去、此刻与未来，它的戏剧性和富有启发性的转型。或许它不仅为中国未来的变革提供参照意义，还是第一个以中国视角来观察这个变革的作品——在37街的Bagan书店里，堆满了来自英文世界关于缅甸的作品，却没有一本来自中国的记者或作家。多年来，这种智识缺陷困扰着我，像是对个人虚荣心的莫大伤害。我也笃信这种中国视角的独特性：同样的极权经验造就了相似的感受力；两国历史的漫长连接——从诸葛亮的七擒孟获到流亡的晚明皇帝再到二战中的远征军——这是一个西方观察者很难进入的纵深感。

在那次行程中，我见到了好几位昔日的政治异议者。在一条拥挤小巷的二楼办公室里，我见到了《伊洛瓦底》（Irrawaddy）的忙碌编辑部。过去20年，这份以缅甸最著名的河流命名的杂志（就像在中国叫《黄河》杂志一样）一直在泰国清迈编辑出版，是面向英语世界的最重要的流亡杂志，如今它回到了缅甸。那位编辑部负责人给我弹了吉他，说起了流亡生涯。那一刻，我不禁存疑，新仰光能接纳这个流亡的声音吗？

我还去了“88世代”（88 Generation）的总部，据说那二层小楼曾是一个著名的妓院所在地。这个组织的创建者们，也有两位魅力十足的领导人，或许就像是我们的两位W。但他们活过了严冬，如今是仅次于NLD的第二大反对派组织。当然，我还见到了传奇般的温丁，他是仅次于昂山素季的领袖，也是他说服了这位恰好归来的游客共同组建了反对力量。经过长年牢狱生涯之后，这位记者、作家、活动家失去了生活的一切。他寄居在一个旧友的房间内，谦逊地谈起自己的人生，他在狱中

仰光的年轻改革者，2013年1月

的诗作，还有对昂山素季的忧虑——他觉得她对军政府妥协得太多了。

让我印象深刻的是，遇到的每个人——不管你是政治人物，还是NGO，或是新闻记者——几乎都坐过牢。他们对此从未刻意强调，仿佛只是再平淡不过的经历，像是去异乡读了大学。

这本书最终没写出来，甚至没有真正动笔。除去个人懒惰，或许也因为情绪的变化。2013年年末，我前往旧金山游学，西岸那股放松气氛一下子冲淡了书写的紧张感。当再回到中国时，缅甸这一话题似乎从公共舆论中消失了。记得2012年年末至2013年夏天，中国的记者以报道缅甸的转型为时尚，它似乎是对中国的一种投射。但此刻，缅甸似乎变成了新的禁忌。我的朋友，一位才华横溢、唯一专访过昂山素季的年轻记者，最终投身于一本时尚杂志，再没有时事、思想媒体可以承载他观察世界的雄心与热忱了。

二

Ma Thida似乎提醒了我未遂的缅甸计划。3年之中，又有很多变化发生，我怕是捕捉不到这节奏了。储存在我头脑中的记忆变得干涩，恐怕再没有机会复活，对这个国家的理解也再度回到显而易见的符号。

“你怎么看《The Lady》？”我问她。她身着绿色笼基出现了，像很多亚洲女人一样，比实际年龄年轻很多，更看不出牢狱生涯的痕迹。

这是既安全又笨拙的寒暄。是啊，在缅甸，谁能回避谈论那位“夫人”呢？这位“夫人”也正在经历着她人生的另一次关键转变。27年前，她从一个家庭主妇变成了一个道德偶像；而如今，按照她的朋友Timothy Garton Ash（蒂莫西·加顿·阿什）的说法，她则要从一个“道德－文学－精神－反政治的政治人物”变成一个“实用的政治人物”，她真的要掌权了。

“哈哈，或许叫作《The Husband》更适合些。”Ma Thida说，她有这个评论的资格。她曾是“夫人”的助理之一。

她出生于1966年，是缅甸最知名的作家之一，也是成立不久的缅甸笔会的主席。这个组织旨在恢复依旧孤立的缅甸作家与国际社会的联系。同时，她仍是个医生，一名活跃的社会活动家。

是周遭那些惊人的贫困激发起她的写作欲望。她原本受训成为一个外科医生，1988年的动荡改变了她的人生，她卷入了政治生活，在1990年的大选中成为昂山素季的助手。在一张旧照片上，年轻、消瘦的“夫人”拿着麦克风发言，她则在“夫人”身后正坐着记录，顶着一头乱蓬蓬的短发。1993年9月，她为自己的行动付出了代价，以“危害公共稳定”（endangering public tranqulity）罪被判处20年徒刑。在国际压力下，她在监狱里待了5年6个月6天。出狱后，她继续行医与写作。

她是靠冥想度过了最难熬的时光，她还说了一个专用名词“vipassana”，这也是这个国家的神秘性的一部分。出狱后她继续写作，一些时候，她似乎变得更锐利，不仅针对压迫者，也面对反抗者的内部。早在1999年，她在*Sunflower*一书中警告，昂山素季变成了“欢呼的囚徒”——人人都只对她赞美，不敢发出质疑的声音。

我猜，对这场运动的参与者来说，《The Lady》这个家庭故事遮蔽了缅甸需求民主变革的复杂性，甚至多少忽略了“夫人”的同志们付出的巨大牺牲。

我们的谈话说不上热烈，她有着接受采访的熟练——国际媒体对于缅甸的强烈、集中的兴趣，已把这些关键人物训练成流利的表达者。或许，我的问题也不吸引人。一个外来者总是很期待在一个小时的谈话中，搞清楚这么一个复杂国家的所有症结所在。问题变得大而无当、无法深入，而回答者也变得煞有介事，丢掉了个人视角。

外来者看到的是一个目不暇接的变化与希望，局内人感到的则是停滞与焦灼。

在选举后的一篇文章中，Ma Thida警告说，宪法改革才是未来的关键，它为军队提供了一个“舒适地带”，缓冲了矛盾，但是这也可能妨碍了权力的转交。

权力会自然转移吗？在手边的一份军方控制的《缅甸之光》上，社论说，历史的变化是缓慢的，切不可过分激进，建议NLD即将组建的新政府把焦点放在社会、经济、环境问题上，将军事、外交这些重大问题仍留给原有的权力机关。

这语调或许也是Ma Thida最担心的部分。她提起1990年的大选中，NLD也获得了压倒性的胜利，但军方不仅拒绝交出权力，还发起了新一轮的镇压。

“当然，这一次的情况要好得多。”她说。国际环境变化了，社会也觉醒了。但对一个饱受不测的国家来说，忧虑确是深深刻入思维中的。而且，作为长期反对党，NLD从未有过应对权力的经验。反抗者内部的矛盾业已浮现，在这次大选中，NLD拒绝让“88世代”的候选人加入他们的联盟。

比起过去几年的戏剧性变化，这些忧虑仍可以忍受。很可惜，我没有读到Ma Thida的《路线图》。在这本书中，她用虚构人物串联起来当代缅甸的历史。我也记得她为自己起的笔名是Suragamika，意为“勇敢的旅行者”。对一个“勇敢的旅行者”来说，未来总是值得期待的。

谈话结束前，她突然反问我，记得你们像“88世代”这样的一代人，后来为何就平静了？

为何你们消失了？我试着做出解释，1992年开始的经济改革，让很多不满者突然获得了致富机会，剩下一部分仍在继续，失去了社会的关注。我感到自己语言的笨拙与无力，随即意识到，这解释背后的羞愧——一切都源于怯懦……

横滨往事

一

“你有我的4本书吗，上面都有。”每当对我的问题听不清，或是对自己的记忆不确信时，他就会重复一句，然后指着桌上的纸袋，里面有四卷的《国父与横滨》。在封面上，孙中山穿三件套西装，两手插在口袋里，英气勃发，正是国民党正史中的典型形象。

他身材高大，东北口音浓烈又洪亮，灰色西装得体而随意，像是典型的老派读书人。若不是行路时需要略微搀扶，你根本想不出他已经93岁了。

当地人说，若你要问那些晚清的革命遗事，可能只有他知道。他们已普遍分不清康有为、梁启超或是孙中山的区别了，那都是陈年旧事。而据说他都记得，他曾是当地华侨中学的老师，曾编纂横滨的华侨志，是本地华侨社会的一名公认的知识分子。

在横滨的中华会馆里，他如约而至。墙上悬挂着各式的孙中山的纪念海报，还有一张马英九的照片——端庄得令人乏味。你几乎很难想象，一个曾经生机勃勃的革命党是如何变成一个陈腐的执政党的。

他是个坚定的国民党党员。19岁那年，他加入其中。那是1939年的哈尔滨，东北正处于日本统治的高潮时刻。他出生于辽宁，11岁时，日本人占领了东北，随即将逊位多年的溥仪扶上了皇帝之位。作为“满洲国”的子民，他接受日文教育，在哈尔滨的一所大学读书时，他班里的同学既有中国人，也有日本、韩国人，他们相处无虞，的确像是某种新的东亚新秩序。“日本人在东北的统治很正常，没什么残暴的记忆”，他回忆说。

不过，他不相信这种秩序，加入了反抗者的行列，他秘密地加入了国民党。在当时的伪满洲国，国民党领导的内地中国是不折不扣的敌国。他为此付出了两周的监狱生涯。他经历了国民党的辉煌一刻，在1945年秋天，中国成为了战胜国，国民党是这一胜利的领导者。但接下来，形势变得被动，迅速兴起的共产党获取了优势。作为一个县级的国民党书记，他跟随溃败的军队逃往北平，然后又到南京，进入了中央训练学校，蒋介石正是他们名义上的校长，他对蒋介石充满崇拜。溃败不可遏制，他还算幸运地登上了前往台湾的船只。在新竹与台中，他成了教育界中的一员，每日听到与看到“反攻大陆”的讲话与标语，心中暗暗明白恐怕一时回不去了。

他的命运在1964年再度发生转变，应朋友之邀（也是一个东北人），他来到横滨的中华学校任教。对那个处于风云飘摇中的台湾社会来说，这是个不坏的选择。他也懂日语。

这所学校并非普通的华侨学校，它的创始人正是孙中山。当一群横滨华侨在1897年想创办一所中文学校时，华人在此地的历史已经接近40年，在高峰时期，有7000人之多，绝大部分是广东人，是本地最大的外国人社区。不过，在甲午战争前后，人数因中日的紧张关系锐减。华侨们期望这所中文学校能提高华人子女的教育水准，当地已经有了关公庙、妈祖庙、中华会馆，却没有一所学校。他们找来孙中山商议，在失败的广州起义之后，他一直在全球的唐人街演讲、募捐，说服那些只想逃避政治的华侨支持一场他们无法理解的革命。在大部分时刻，他依靠的是乡情与血缘，而非政治理论。他们大多来自广东一带，说同样的语言，吃一样的叉烧饭。

孙中山给学校起名为“横滨中西学校”，多少有张之洞的“中学为体，西学为用”之意。他也深知教育对于政治动员的重要性，“革命之前须有教育，革命之后须有教育”。他无暇进行具体教学，倒是推荐一位正大有前途的广东青年梁启超来任教。当时的梁不过24岁，却声名显赫，已辅助他的老师康有为发动“公车上书”而跃升公共舞台，那时的他正在忙于编辑《时务报》。梁启超推荐他的同学徐勤前来任教。

徐勤是康有为的忠实信徒，他将校名改为“大同学校”，以呼应老师的思想与著作。他的教育方针则是“中西合璧”，学生们既学日文、英文，也学习儒家思想。知耻是其道德核心，中国面对列强的受辱感（包括最近的日本）变成了日常的精神动力。徐勤在教室黑板与课本上都书写十六字口号“国耻未雪，民生多艰，每饭不忘，勖哉小子”，希望学生牢记读书目的是“一曰立志，一曰读书，一曰合群，一曰遵教，一曰报国”。学校的第一批学生中就包括苏曼殊与冯自由，他们日后都成了中华民国重要的人物。

斗争也是从最初一刻开始的，这所学校就变成了流亡海外的“革命派”与“保皇会”的斗争之地。他们都希望争取到海外华侨的支持。这斗争也延续得比任何人想象得更长。清王朝被推翻了，革命成功了，也无皇帝可保了，但斗争仍在继续。

当他在1964年到来时，斗争的双方不再是“革命党”与“保皇会”，而变成了“国民党”与“共产党”。横滨中华街陷入分裂。共产党占据了整个中国，国民党只有台湾一岛。

也是在横滨，他开始了对当地华人历史的研究，尤其是晚清时以孙中山为中心的革命史。他寻找到那些支持过孙中山的家庭与个人，也遍访昔日革命者的遗迹。这也是一次新的发现旅程，被不断的革命、战争与动荡左右的中国，从未认真对待自己的历史遗产。

他的努力最终汇聚成这四本文集，其中的文章都与一个多世纪前的孙中山在此的思想与活动有关。

这也像是命运的另一种轮回。他在一个傀儡式的清王朝皇帝的治下成长，将日语当作了另一种母语，然后加入反对这秩序的力量，最终他又来到日本，研究推翻清王朝的革命者。

二

我从“朝阳门”进入中华街。在纽约、曼彻斯特、墨尔本、旧金山，我都见过这雕龙刻凤、蓝红交接的高大牌楼，它们就像孙中山的“天下为公”的口号、玻璃橱窗里的烧鹅一样，是海外唐人街最显著的标志。

在横滨，华人聚集区的名字一变再变。它曾叫作唐人街，在中华民国成立后，更名为南京街。“二战”后，人们又开始叫它中华街。

比起从伦敦到曼谷的唐人街，中华街更为兴盛，仅仅牌楼就有7个，其中一些有着“朱雀门”“玄武门”这样的威武之名。各式料理店、杂货店一家接一家，还有着“横滨大世界”这样的综合性的消费中心，人群拥挤，散发着特别的活力。它不是仍勉强存活的博物馆，而是一个新兴的旅游景观。倘若你从横滨疏阔、寂寥的海边大道转入，更会被眼前的庞杂、喧闹、元气充沛的市民生活所感染。那个习惯的旧中国景象——三邑、四邑会馆，或是福州或潮州同乡会的建筑——倒是很少见。

先是1923年的关东大地震，然后是1945年的轰炸，中华街两度被夷为平地，中断了它与昔日的联系。只有在少数地点，你才能感受到往日的情绪。会芳亭令人想起19世纪末那个著名的餐厅会芳楼，最重要的是相连的关帝庙、中华会馆与横滨中华学校。

这就是现代中国的政治与思想革命的摇篮吗？横滨被称作“日本现代文明的摇篮”。自从1859年开港以来，西方力量正是从此港口涌入日本的。长崎代表了幕府时代日本与世界的联结，他们通过荷兰人来理解外部世界，横滨则是明治时代的象征。最早的使馆、第一份报纸、第一家咖啡店、第一份电报，都是从这里诞生的。它要被迫应对一套崭新的价值、制度、思维方式、生活习俗。与香港、上海一样，横滨上演了一幕从小渔村到新文明中心的戏剧——因为缺乏自身的历史与传统，它们反而在新浪潮中脱颖而出。

中国人也是横滨的第一批抵达者。最初，他们以英国、法国洋行的翻译、买办、随从身份到来，他们在广州、香港接受了东西方商业交易的训练，与日本人分享同样的汉语教育——即使不能交谈，却能用笔书写。在这个新口岸，他们成了西方人与日本人间的“中间人”。移民继续涌来，他们大多是广东、福建的底层人群，以“三把刀”——裁缝刀、剃刀、菜刀——在此展开生活。

与前往旧金山或是南洋的华人不同，横滨的华人面临着一个更富戏剧性的历史时刻。日本在19世纪下半叶的崛起恰与清王朝的衰落形成鲜明对比，崛起的日本进而在1895年的战争中击败了清王朝。又在1905年击败了俄国。对中国来说，它同时是屈辱与希望的来源。倘若一个长期生活于中国阴影下的岛国都能在一代人的时间里完成转变，那么中国为什么不可以？

对于试图改变中国面貌的探索者，不管他是改良者还是革命者，这里提供了一个绝佳的落脚点。它既逃脱了清政府的控制，又与上海、广州的距离足够近，也是远游南洋、欧美的出发港口，同时也处于昔日的汉文圈的影响中。日本的政客与浪人中，仍有不少汉文化的欣赏者。既出于日本对未来中国影响力的现实需求、对于西方势力的焦虑，也出于对中国的文化情感，他们资助与鼓舞这些革新者。在1905年中国留学生大批涌入东京，成为新的革命力量之前，横滨的中华街才是中心。孙中山的兴中会建立于夏威夷，它真正的成熟却是从这里才开始的。

但一切都不那么简单。如今人们都熟记孙中山所说的“华侨是革命之母”，却忘记了这“革命之母”最初是怎样充满猜忌地看待这些革命者的。在1895年的广州起义后，孙中山不过是一名被悬赏通缉的在逃犯，即使在1897年他因在伦敦的蒙难而扬名国际后，他仍是这些海外华人社会中的“异端”，只有那些最大胆、异想天开的人才敢接近。

一个名叫温惠臣的华侨回忆说，他十七八岁时成为第一期的同盟会员，负责给孙买日用品，偶尔也去船上扛东西，后来才知道是军火。即使剪掉了辫子，他也需要“辫子是假的，缝在帽子上，到外面去时戴上帽子，回到家就一丢，变成了光头。不然的话，当时的华侨社会，他会指着鼻子骂”。流亡中的孙中山则陷入习惯性的孤立，他要防止清王朝在当地的暗探，要忧虑下一次起义的武器与经费，要与康有为、梁启超的保皇党争夺影响力……温记得，孙中山不怎么出门，“总是背着手一个人在屋里走来走去，低着头想”，他也“不抽烟、很少喝酒，喜欢吃凤梨、苹果”……

三

我在王良的《国父与横滨》中读到这些断片。很少会有人对此感兴趣了。走在这喧闹街头，我心生疑惑：这就是康有为、梁启超、孙中山的那条中华街吗？他们是怎样动员这些小业主成为政治行动的支持者的？他们这些每夜用算盘计算一日进账的人，为何能一次次倾囊而出，去支持一项他们很难理解的政治设计？在山下町的一百四十番地的横滨华侨总会的办公室里，王良感慨本地华人对于历史的无知，他们只关心物质利益。

从1859年开港以来，华人就是这个城市最大的外国人群体，如今其他外国人社区早已消失，中华街继续兴盛，成了横滨最重要的景观之一。但它似乎仅仅是景观，它的漫长、复杂的历史、庞大的人群没有转化成某种更持久与创造性的东西。是的，“三把刀”中的剃头刀与裁缝刀都消失了，但菜刀却变得更重要了。比起一个世纪前，中华街的料理店更多元了，除去广东菜，四川、上海、台湾菜也随处可见。尤其四川的麻辣，因为新移民与中国游客的涌入而迅速兴起。横滨中华学校旁，正是巨大的、外围像LV店的重庆饭店。

如何将一群去政治化的华侨动员为政治人是孙中山的志业。而对梁启超来说，只有彻底地将中国人改造成“新民”，才可能缔造出一个富强的中国。

对我来说，梁启超比孙中山更富吸引力。在横滨，他与孙曾是达成了短暂的联盟，然后又互相谩骂的对手。沉浸于革命与改良之争，这也是中国现代党派的肇始。

正是在这中华街上，他编辑了《清议报》与《新民丛报》，卷入了一场浩瀚的知识冒险。政治行动容易消散，思想的价值常更为持久，在修正的历史学家看来，孙中山的历史意义被高估了，国内立宪派可能更导致了清王朝的覆灭。而曾困扰梁启超的问题仍困扰着此刻的中国。中国的危机不仅是军事、政治上的，更是知识与道德上的——人们不知该用怎样的思维与情感来面对这个新世界。在某种意义上，梁不仅是个思想开拓者，也是新媒体浪潮的驾驭者。在20世纪初的中国，每旬出版、栏目众多的杂志不啻一项崭新的冲击。他意外地扮演起这个角色，他刚刚从一场政变中逃离出来，成为一名被悬赏的流亡者，听闻昔日的改革盟友惨死刀下……他失去了真实的政治舞台，却创造了一个虚拟的舞台。《清议报》与《新民丛报》被偷偷运回上海，然后在全国的知识青年中广泛流传——科举制度已遭普遍唾弃，“四书五经”不能应对外部挑战，梁启超的杂志是这新知识的主要来源。中国日后的缔造者，不管是胡适之还是毛泽东，都是它热情的读者。

> 《清议报》的第一至三十一号是在山下町一百三十九番地，如今是山下电气；第三十二至七十号则是在山下町二五三番地，如今是自卫队横滨募集事务所……

在王良的书中，我查到了这些信息，还有对应的彩色图片。中华街内的地界划分却没有改变，此刻的一百三十九番地还是梁启超奋笔疾书的一百三十九番地。不过，王良的考证是30年前的，如今的一百三十九番又从电气行变成了一家叫兴昌的餐厅，上面还有一个巨大的螃蟹标志，可惜不怎么诱人。

横滨，《清议报》报社旧址

也正是在此地，梁启超写出《新民说》，他意识到倘若不能塑造现代国民，就不可能建立起一个富强的国家。他要唤醒那些沉醉于个人利益、狭隘乡情、缺乏公德的海外华人社会。最初的“反叛者”——不管是革命者还是保皇者——正是期望将这些底层人动员起来，让他们政治化，以提供精神、物质、人员的支持。而这些动员者，孙中山、康有为、梁启超，都是来自相距不远的广东乡间。他们也都是这个清王朝庞大的学者官僚系统的边缘人。当他们试图从权力中心改变这个国家时，他们都惨遭失败。他们在海外的庞大边缘人中，再度恢复元气、获取支持，并进行无休止的内部斗争。

很有可能，中国没有变成他们期待的样子，他们的革命与改良之争似乎在一个世纪后仍未过时。中华街似乎又回到了它本应的样子，关公庙的香火仍旧旺盛，在华侨心目中，这位财神实在比任何神灵都更重要……

大屠杀、卡戴珊与亚美尼亚

在埃里温（Yerevan），似乎每个姑娘都像金·卡戴珊。法国广场的咖啡馆、饭店酒吧露台，傍晚的街道上，她们都有深陷的眼窝、厚嘴唇以及丰饶的身形，她们还温和、甜美，引人遐想。

这位社交媒体上的超级明星，也是最有名的亚美尼亚裔人。在她的真人秀中，在Twitter上，在杂志访谈中，她展露关于自己的一切，喝酒、旅行、化妆、社交、争吵，是这个浮华也浅薄的新媒体时代的象征，人们为了展现而展现，名声与实质并无关系。

在亚美尼亚，她的名声则带有另一种维度。“她让更多人知道了我们的悲剧”，不止一位本地人对我说。2015年，卡戴珊与她更著名的说唱歌手丈夫从纽约飞到此地，这一年是亚美尼亚大屠杀一百周年。至少

150万人被奥斯曼帝国有组织地屠杀，幸存者开始了流亡之旅。

生于美国的金·卡戴珊也隶属这个流亡传统。她在童年时就听闻种种屠杀故事，它是幸存者的必修课。令他们耿耿于怀的是，与二战时的犹太人、波尔布特治下的金边，或是90年代的卢旺达不同，在很长一段时间里，不仅从奥斯曼帝国演变而来的土耳其政府否认这次屠杀，世界舆论也保持了广泛的漠视，这种否认与沉默几乎是另一次屠杀。这也是亚美尼亚人——不管散落在海外还是继续生于国内——必须承担的责任。他们要将悲剧记录、讲述，让更多的人看到。对很多人来说，这也是金·卡戴珊的价值所在，她的名声让这场屠杀被更多人关注。

飞机降落在埃里温的机场前，我对于亚美尼亚几乎一无所知。我不知道它在地图上的位置，有多少人口，历史源自何时。零星的印象来自偶尔的片段，电视屏幕上的亚美尼亚大地震与两伊战争、汉城街头的学生运动，是少年记忆的一部分；研究香港史时，我记得亚美尼亚人建造了半岛酒店，在商业世界占据一席之地，他们就像犹太人、印度帕西人或潮州人一样精于计算；在读一则关于帕慕克的报道中，这位作家勇敢地指出土耳其的屠杀责任而引发争辩……

吸引我到来的则是几个月前的一场革命。Nikol Pashinyan（尼科尔·帕希尼扬），一位43岁的新闻记者与街头政治家，在领导了一场持续了1个月的和平抗议之后，迫使已经当政10年的独裁者辞职。在一份英文报纸上，我读到这位胡子拉碴、面带微笑的抗争者的文章，他说起甘地的非暴力哲学、曼德拉精神，他的身份戏剧性地从街头运动者变成了新总理。在全球民主浪潮退却的时刻，这是个童话式的故事。金·卡戴珊也表明了立场，她在4月23日的Twitter上祝贺和平抗议的成功。

穿过自由广场有一片繁华商业区，再到共和广场上，你感到一种混杂的情绪涌来。这个城市陈旧又年轻，是苏联时代与全球消费主义的混合体，当Duduk音调响起时，瞬间又把你带入那个古老又哀伤的传统。亚美尼亚不仅历史久远，也曾强盛一时，但过去几个世纪却饱受征服与凌辱之痛。1915年的大屠杀，是连串悲剧的高峰。

人们却兴高采烈。革命成功带来的欢愉尚未退却，倘若问起几个月前的那场抗议，人人都乐于说上几句，人人都爱Nikol Pashinyan。一位IT公司的职员说，老板鼓励他们把计算机带到街头，一边参与抗议一边工作；一位年轻的律师说，这简直不可思议，常年的恐惧消失了；更为强烈的表达来自海外，一位法国亚美尼亚后裔说，他目不转睛地盯着电视屏幕，对故国的变革充满惊异。他还生出一种少见的自豪，这是近代亚美尼亚历史的少见时刻，它不是出于灾难，而是某种胜利引人关注。

对我来说，空气中飘浮的喜悦多少像是2012年的仰光。尽管前方的道路尚不清晰，卸去重负的轻松感却真实、迷人。就像缅甸模式曾激起了广泛的讨论，在高加索一带，在昔日的苏联加盟国中，人们开始讨论一种亚美尼亚模式。这些小国都曾生活于俄国的阴影之下，在1991年苏联解体后获得独立，极权之遗产仍作用于它们，一些再度滑回专制统治。

短暂的行程中，我参观了希腊时代的遗迹，眺望了远方的亚拉腊山脉，猜测挪亚的方舟停泊的方位，还品尝了干邑——自19世纪末以来，亚美尼亚就以白兰地文明，在苏联时代，它更是莫斯科主要进口物。我大约知道了亚美尼亚的地缘政治，它与土耳其、阿塞拜疆的紧张关系。大屠杀更是给它带来一个复杂的遗产，300万公民住在国内，另有800万后裔生活于海外，它们构筑成一个全球网络，对屠杀的记忆处于这个网络的中心。

一个炎热的周一下午，我去参观郊外的大屠杀纪念碑。自1967年建成，它就成了亚美尼亚公共生活的中心。每年4月23日，照例是全国性的哀悼与游行，它不仅与历史有关，还作用于现实。分析者推测，上一任革命成功也与此相关，独裁总统选择在全国性纪念日到来之前主动辞职，惧怕这个照例的悼念游行会转化为更大的抗议浪潮。

纪念碑建于山顶的一个巨大平台上，12块朝天的石柱象征了亚美尼亚丢失掉的12个省份，它们守护着中心的火焰以表示对死难者的纪念，自1967年就未熄灭过。我在台阶上闲坐，一群鸽子以不同的姿态站在石碑上，发着“咕咕”声，康乃馨与玫瑰散落在火焰旁，因缺水而枯萎。

与奥斯维辛的强烈冲击不同，纪念碑没给我太深的印象。只有看到那些具体的男人、女人与孩子的面孔，他们穿过的衣服、说过的话，你才能少许理解他们的感受。很可惜，纪念碑旁的博物馆今日关门。

但这仍是难得的体会。在石碑的阴影下，我意识到他人的苦难很少进入我们的意识，甚至对自己的苦难，我们也总采取遗忘的方式。对一个拥有14亿人口的国家来说，我们也很少考虑小国之困境：它的国土随时被邻国兼并，整个民族都因一场灾难突然消失，灾难的记忆给予他们凝聚力，令他们保持警惕，磨炼出一种生存技巧。

在埃里温的街头，我看到中国捐赠的公共汽车，车身上涂有“一带一路”的标语。这是中国不断扩张影响力的痕迹，当地年轻人也乐意前往中国读书、寻找工作机会，跟随历史潮流而动。这不仅是个人成长的需要，也是整个国家的生存技巧。中国的金钱与影响力正在涌向世界，但中国人的好奇心却未随之而来。对他人历史与命运的普遍漠视，也正妨碍我们对自身的理解。

浮月楼中的忧虑

他突然说起，这个周六就要结婚了。

我们正走在小桥上，桥下几尾肥硕的锦鲤，慵懒地摆尾。这个竹林、池塘、石板路构成的院落，完美地符合我对日式庭院的想象。几分钟前，三位艺伎还在这里弹奏三味线，吟唱歌谣，她们的和服、发髻和涂成黑色的牙齿，显然是江户时代传统的延续。

浮月楼是静冈最著名的料亭。这种昂贵、私密的餐厅源起于17世纪初，那是德川时代的开端。幕府创造出一种集权封建制的政治结构，大名们虽有地方自主权，却又必须在江户度过大半时光，他们享受的是受控的浮华，彼此甚至不能直接沟通。因此，大名的特使会选择在隐秘的餐厅相聚。后来，料亭成为政商人物钟爱的场所，密谋的意味渐渐淡去，却仍是金钱与品位的象征。

在夏日一个炎热的午后，我来到浮月楼参加它的年度游园会。这个游园会专为招待浮月楼的长期客人而设，客人们都身着西装或者和服，艺伎们分别来自东京、京都与静冈本地。带着从东照神宫漫长石阶下来的汗水，从进门起，我就开始为自己的牛仔裤、卷起袖口的衬衫以及人字拖感到不安。

我是为德川庆喜而来。这个院落曾是他的宅邸，在此处度过了将近20年，那是一段苦涩、悠闲又生机勃勃的时光。作为在幕末战争中失败一方的领袖，他保住了生命与残存的自尊，得以在昔日封地静冈度过余生。这位以精明、大局感著称的末代将军正值盛年，却要对一个沸腾的维新时代保持沉默。过去，各地的大名们被德川家族控制在江户，而今德川庆喜却变成了新时代的人质——不仅不能参与政治，连静冈也不能离开。他的性格拯救了他，他欢快、兴趣广泛，他爱上了摄影，成为本地第一个骑自行车的人，还与3个妻子生下了21个子女……在某种意义上，他比获胜者明治天皇更幸福：后者要背负一个新日本的无穷责任与仪式，他却可以躲入个人生活。这个末代将军甚至活过了明治时代，他在1913年去世，已是大正二年。

在我沉浸于遐想时，久保田耕平先生出现在眼前——一个斯文、腼腆的年轻人，明黄色的领带一丝不苟。他出生、成长在浮月楼中。当静冈的火车站在1897年建成时，德川庆喜因为厌恶随之而来的噪音搬离此处，这所宅子随后被改成了一家料亭，随即成了各式名人光顾的场所，伊藤博文的书法就随便地挂在一间宴会厅的入口。到了昭和年间，久保田家族承接了这项生意。德川庆喜的遗迹无处不在，在楼中与院落里玩耍长大的耕平从小就知道自己可能要继承家业。

他带我参观楼中一角的德川庆喜的展览，我看到骑自行车的、打猎的、戴飞行帽的庆喜，与留在历史书中那个发髻高高挑起、面带愁容的失败将军大为不同，这个庆喜是一个现代绅士。我对庆喜手书的一句诗印象尤深——“万事莫如花下醉，百年浑似梦中狂”，中国宋代诗人葛起耕的名句在末代幕府将军这里激起了强烈的共鸣。庆喜的书法或许也像他的性格，在潇洒之下，是某种规范。自始至终，来自水户藩的德川庆喜是天皇的忠实拥护者，当倒幕者以天皇为号令时，他没有勇气做出对抗。不过，久保田先生说，庆喜的声誉在过去20年中不断上升。人们曾把他只视作一个落败的将军，如今却倾向于他是个审时度势者。因为他深知内战带来的巨大伤害，才吞咽下屈辱，为新日本创造出一个蓝图。

或许因我在闲谈中的口无遮拦，对他个人成长的真实兴趣，耕平放松下来。当同传翻译工具出现故障，我们开始用英文交谈，他彻底松弛下来。一个陌生人，一种陌生的语言，它们都意味着一种特别的自由。

他说起自己曾试图放弃家族事业，逃开这注定的命运。他在东京鱼市中一家餐厅工作过5年，但最终，或出于个人软弱，或因母亲的强势，他又回到了静冈，协助叔父管理浮月楼，做承接的准备。

接着小桥上的一幕发生了，他说起了即将到来的婚礼，这似乎是对成熟的另一种确认。未婚妻也是浮月楼的员工，有着可以想见的美丽、温柔，正为成为下一任女主人而焦虑不安。它的耀眼传统也意味着无穷的规范与责任，这里不仅是末代将军的宅邸，还接待过明仁天皇与西班牙国王，是日本之光。耕平说西班牙国王胃口很好，要了两份料理。很可惜，我忘记问他，明仁天皇对德川庆喜做出了怎样的评价。

与久保田先生告别时，天色已暗，跨出院子，汽车接连驶过，人群的嘈杂声顿时涌来。回头看，一个朴素、窄小的招牌亮起来，“浮月楼”三字似乎迎风摆动，江户和明治都已随风而逝。

寿喜烧里的明治维新

尽管他批评得对，我仍感到一丝不悦。他说北大的日本研究缺乏进步，学生甚至连日语都说不好，那些会日语的学生又缺乏分析能力。

坐在对面的三谷博教授，面颊消瘦，满头银发，脸上却仍然挂着东亚应试体系下优等生的骄傲，而坐在他身旁、留着淡淡胡茬儿的落合弘树，则显得内敛、温和。他们都是这一代人中的杰出学者，都以对幕末维新的研究著称。三谷博的《黑船来航》不久前被翻译为中文，我很是被他的叙述吸引，他勾勒出幕末的决策机制，追问“人在想象超出自己生命长度的长时段危机时会面临怎样的困难……要预防未来的危机，必须进行大规模改革，然而该由谁来接受这一建议并承担所需费用或做出牺牲呢”？

我们盘腿而坐，中间隔着热气腾腾的牛肉火锅。新桥“今朝”餐厅的历史能追溯到1880年，是日本最早的牛肉火锅店之一，也是明治年代开化运动的象征：日本人要剪掉发髻、扔掉武士刀、换上西装、学交谊舞，以及吃牛肉。在漫长的德川幕府时代，吃肉就像出国旅行、加入天主教一样，是被禁止之事。坐在我身旁的藤森紫郎七十开外，是店铺的第四代传人，他把酱油倒进锅里，把牛肉、蔬菜顺次铺在锅底，看到颜色变化后，再翻转过来。他坚称，这牛肉锅仍是明治时代的滋味。这也正是日本的迷人之处，它的传统保持在无数细节里，一家清酒铺、一间寺庙、一个糕点铺，都有着漫长的传统，都在持续着先人的经验。你很难想象，在王府井走进一家涮羊肉馆子，老板会乐呵呵地说“本店源自同治年间，配方至今未变”。

我原以为，在这热气腾腾的火锅前，气氛会即刻活跃起来，但三谷博不经意的傲慢让亲密并未立刻发生。的确，中国的日本研究水准令人难堪，尽管人们经常说两国一衣带水、同文同种，尽管青年人对日剧与二次元文化颇为着迷，尽管知识分子耿耿于明治维新的成功与洋务运动的时代，但我们除了区区概念与象征之外，对这个国家的历史逻辑、文化的多样性、内在紧张与冲突都知之甚少，语焉不详。我有限的日本知识也主要是从英文世界获得。这的确是个令人悲哀的时刻，倘若你要理解近代东亚的历史与文化，哈佛、哥大与剑桥的学者成了主要知识来源。我们的学术与思想生产，反而不足以帮助我们探测自己的历史。即使在东亚内部，相较于日本对中国的研究，中国对日本的探讨都不成比例的少。两个世纪前，汉语还是东亚的通用语言，儒学仍是教养与思想的象征；如今，热烈拥抱日本与韩国流行文化的中国，却失去了文化与生活方式上的吸引力。

但当自省遇到了直截了当的批评时，它仍反弹为下意识的回击。“请问二位老师，日本学者还要学习荷兰文与汉文吗？倘若要研究幕末，没有这两种语言，是很难了解综合情况的吧？而且所有的维新志士都写汉诗，不读这些汉诗，也不好理解他们的心境吧？”我夹起一块牛肉，似乎漫不经心地问。

这之后，气氛反而热络起来。三谷博开始给我倒清酒，在日本餐桌上，你不能自斟自饮，要对方给你倒酒，落合先生的话也多起来。或许，他们不再把我当作一个不讲日语的节目主持人，而是一个可以讨论问题的人。

我们从萨摩、长州的兴起，谈到西乡隆盛、德川庆喜的性格，再到明治天皇的作用……与我惯常理解的不同，近代日本历史并非突变——一代理想主义的志士起身反抗，令进步的明治时代突然取代了腐朽的德川时代。历史的延续性与复杂性，远非线性逻辑可以覆盖。那些叫嚷着“尊王攘夷”的志士，不仅受到保卫日本的理想主义的驱使，也同样期待在一个动荡时代摆脱自己低级武士的出身，获得新的名望与权力。幕府更不是封闭与保守的代名词，将军与幕僚们是开国的拥护者，同样诉求加强海防，引入西方的坚船利炮和工厂技术。而天皇与将军的双元权力结构，两百多个大名造就的联邦制，使得危机到来时，体制有更大的灵活性。甚至“锁国”也并非幕府对于外部世界的无知，而是在他们模糊地感知到世界巨变、外来危险逼近之时，主动选择关闭自己。

“吃牛肉锅，谈论幕末维新真是一大快事。”三谷先生感慨说。牛肉锅“吱吱”作响，原本只打算留半小时的藤森先生也待了下来，似乎被越来越浓烈的高谈阔论所吸引。啤酒换成了清酒，脸颊绯红的两位教授都放松了坐姿。三谷先生希望生活在维新时代，因为它可能“是一个非常动荡却快乐的时期”，他最希望自己生在一个大阪富商之家，然后做学问，参与当时的种种辩论。落合先生则说，他或许会过福泽谕吉一样的生活，专注于研究。

“短短几十年间，原来不吃牛肉的民族突然开始吃牛肉，一个农耕民族突然有了火车，这是多大的变化啊。”他们感慨。他们也都认定，这段历史对此刻的日本仍有重要价值，一两代人可以在如此的逆境之中做出如此大的改变，这股精神力量理应对此刻有所启示，他们很希望年轻一代能够理解它。对三谷博来说，日本正面临新的“黑船”，特朗普的美国表现出强烈不确定性，中国的迅速崛起，以及日本内部的老龄化，都是眼前的危机。

对于西方知识界对明治维新的意义从未真正理解，两位学者也耿耿于怀。在历史研究中，似乎只有法国革命、俄国革命获得了充分肯定，日本的幕末维新却因为过渡平稳而被忽略。在某种意义上，他们仍感到强烈的西方焦虑。

我很想告诉他们，正因为这相对平稳的过渡，才在中国知识分子中激起了强烈的敬佩与好奇，因为中国的历史转折总充斥着过多的牺牲，终结于苦涩的命运。对我个人而言，幕末维新的两代人，他们大胆的生命选择，对现实命运的反抗已经足够振奋精神，心向往之。

凤鸣馆一夜

朋友们散去，小桌上残留着水果、生鱼片以及半瓶生力啤酒。我坐在地板上，斜靠在墙边，打量着屋内。地板上的浅黄色草席，木窗棂纸窗，角落里的16寸电视——它的四角仍是凸起的流线型，灰色的转盘电话，你觉得铃声永远也不会响起……

本乡五町上的凤鸣馆刻意保持着昭和年代或许还有一点明治尾声的小旅馆痕迹，朴素、安静，现代消费主义尚无处容身。这两层小楼铺就着木地板，走过时发出“吱吱”声，卫生间是公用的，还有一个装有马赛克地板的公共温泉池。

这是业主的坚持。小池邦夫是凤鸣馆的第三代继承人，他脸上有一种散淡、洒脱，谈起话来烟不离手，还能讲一口流利的英文。他是一个

“庆应男孩”，中学与大学都在这所以开放、时髦、学费昂贵著称的学校度过。他毕业的20世纪70年代中期，正是日本经济起飞的时刻。他前往一家日本公司的纽约办事处工作，很是享受这个城市的无拘无束。当他在20世纪80年代初回到东京，正是泡沫经济迅速膨胀之时，六本木的夜晚到处是挥着1万日元叫出租车的人，地产的价格几个月就翻一番，全世界都在谈论日本的经济奇迹，半出于继承人的责任，半出于懒惰，他放弃了大公司的工作，回来经营旅馆。

凤鸣馆是小池家族在大正年代开始经营的，它的历史足以追溯到明治末期，它是那个年代的寄宿处之一，以价格低廉取胜。与当时散落在本乡的诸多小旅馆一样，它是东大学生、落魄作家以及前途无望的小职员们的首选之地，客人们往往会长包一个房间，在此睡觉、会客、为前途忧心忡忡。其中一位住客名为重光葵，他曾代表日本在二战受降书上签字，当他还是外务省的低级官员时，就住在凤鸣馆。

很有可能，清末的一些中国留学生也会寄居于此，他们要来日本寻求拯救中国之道，或是逃避掉逼仄的日常生活。

全因这些清末留学生，我住在凤鸣馆。在每一本近代史书上，你都读到陈天华投海、鲁迅对上野公园的描述以及那些风起云涌的学生杂志与集会。在清朝的最后10年中，东京才是中国的知识与政治风暴中心，这股风暴最终席卷了中国。但这些离开了故国的年轻人，他们在这个城市是如何生活的，怎样面对孤独、焦虑，他们的民族情绪、政治热情与日常生活的关系如何，我却所知甚少。

“前往参观时，要认清出口、入口，不可大声谈话”“厕所的木屐和草鞋，只许在大小便时穿着”“在吃茶果子时，应用筷子夹起，放在左手手掌中才吃，不可把筷子立即送入口中”，我在房间昏暗的光线下读《中国人留学日本史》，其中引用了清末的《留学生自治要训》。实藤惠秀的这本著作初稿写于1939年，至今仍是该领域的权威之作。当中国留学生的历史被政治叙述左右时，它开创了生活史的研究。当人们习惯性将目光投射于宋教仁、鲁迅、秋瑾这些杰出人物的思想时，实藤关注那些普通留学生的日常生活：他们怎样坐船来到横滨，怎样坐火车到东京，对于日本饮食的不适，被日本高涨的民族热情震惊，以及日常的不快、思乡之情……他们不仅发现日本，也重新发现中国，发现自己的家乡。《新广东》《浙江潮》《新湖南》这样的杂志不断涌现，他们也为《新民丛报》与《民报》的辩论激动……

我沉浸于阅读时，推拉门被敲响，店内女侍要来铺床了，然后追问我明天的早餐时间。与100年前来自农村的年轻下女不同，如今的旅馆被一群老人家所掌控，他们的迟缓动作与镇定表情，似乎在提醒历史之延续。像100多年前的留学生一样，置身于日本时，我仍觉得笨拙不堪，不知腰该弯到何种程度，被吃饭的程序弄得烦躁，觉得自己像是这个礼仪国度的“野蛮人”。

我拿着毛巾，蹑手蹑脚地走下楼。正是旅行淡季，客房大多空荡荡的，只听到一对香港夫妇用粤语若隐若现地交谈。我走进空无一人的浴室，把自己浸入池中，那一刻，我感到突然而至的放松。或许，那些被陌生环境与对祖国的焦虑弄得焦躁不堪的清末留学生，也会在这洗浴的一刻终于感到释然吧。

沉默的记忆

一个写日记的人

听到行刺希特勒失败的消息后，弗里德里希·莱克在日记中写下："整个国家都哀叹那颗炸弹被放置在错误地点，爆炸时间也不合适"，他感到"内心中深深的遗憾"。对施陶芬贝格伯爵——行刺中的主谋，他不无苦涩地评论，"哈，现在才动手，先生们，有点晚了。你们制造出了那个魔鬼，只要进展顺利，他要什么，你们给什么。你们把德国交给了这个十恶不赦的大罪犯，无论他在你们面前摆放下多么难以置信的誓词，你们都表示效忠……你们让自己成为他的奴隶……"

这是1941年7月21日的德国，在日记里写下感受时，莱克也清晰地意识到危险，自1936年5月写下第一篇日记时，这就已经确定无疑。

莱克1884年出生于东普鲁士的一个上流社会之家，父亲曾出任威廉二世时的国会议员。他的人生道路与父亲期待的不同，他没有成为一名军人，反而以写作小说、戏剧评论与游记为业。他是精英圈中的一员，却从未赢得巨大声誉。

这给予他观察德国变迁的另一种视角，既有局内人的信息来源，又保持旁观者的冷静。他目睹了希特勒的发迹，他在1920年的慕尼黑看到这个退伍军人的不堪，“他背着吉他，戴着一顶邋遢的宽边帽子，手拿着马鞭”闯入一次聚会，在富有权势的主人面前，他充满敬畏，“只敢把半个屁股坐在椅子上，但他的腰是直立的……像一只狗在啃生肉一样，贪婪地侧耳倾听每个字”。他抑制不住自己的表达欲，讲起话来“像一个军队里的牧师”，在并无反驳的情况下，习惯性怒吼，他令全屋人倍感沮丧，“就好像乘坐火车时包厢里坐着一个神经病人一样”。另一次聚会中，他发现了希特勒不再紧张，更为钟爱布道，“把他的那本政治书的所有陈词滥调都浇到我的头上”“当他激昂地说话时，一缕油乎乎的头发会垂落在他的脸上，看上去就跟骗子一样”。

谁也未料到，这样一个人最终统治了德国，发起了一场针对文明的战争，他焚烧书籍、制造仇恨，把犹太人送进集中营，把德国公民变成了一群精神失常的狂热者……

莱克的书未被焚毁，他没有公开反抗，也未流亡他乡，他选择了自己的对抗方式：他写历史小说，借由16世纪激进的新教徒的故事来影射非理性的现实，写法国大革命，赞颂公民勇气。小说暂时逃过了审查者的眼睛，终因读者揭发被查禁。

更重要的抵抗来自日记。“我的几个朋友借机警告我要小心写作，”莱克1937年9月9日写道，“我的写作全出自我的内心需要，不能停止，所以我只能漠视警告，继续写日记，我希望我的日记对记录纳粹时代的历史会有帮助。”他足够谨慎，将日记装在锡皮盒中，藏在后院、树林深处，出于恐惧，还不断转移藏匿地点。

除去偶尔流露出的诅咒情绪，他的日记的维度丰富，冷静记录现象，给出了历史性的分析。他将希特勒的崛起归咎于俾斯麦时代的失败和技术带来的大众反叛，“这场技术革命留下了一层可怕的灵魂真空——也许能填补这真空的只能是一群新崛起的信奉非理性和非机械主义的魔鬼”，而“这群暴民……他们不仅根本不知道自己已经堕落，还准备随时要求其他人跟他们一样吼叫、一道吞食沙土、一起退化”。

他意识到语言的堕落加剧了政治与公共生活的衰败，“他们（纳粹）的德语是公共厕所墙壁上的德语，是男妓的德语”。他还看到第三帝国在强大无比的外表下的内在矛盾：“如果说德国的国家实力正处于高位，那为什么我们的话语却庸俗到前所未有的程度？为什么所有社会形态都变得恶劣了？我们怎么会变得如此地背弃协定、如此地不守信用？如果不仅德国官员说下流的语言，就连德军总参谋部和‘前线评论员’也说，德国怎么会变得如此下流？”

只有你能想象第三帝国的肃杀气氛，万众一心的狂热，你才可以意识到这些日记是多么叛逆，写作者需要多么大的勇气。灾难最终还是到来。“我以为就跟去一家旅馆住一夜一样，所以只随身携带了一个小提箱。他们来搜查武器：这不是一个好预兆。我要求请律师，但被粗暴地拒绝了，”他1944年10月14日写道，“很快我进了监狱。”

被捕是因他拒绝参加“人民冲锋队”——它要充当抵御盟军的最后一道防线。纳粹德国的衰败不可挽回，人人都意识到这一点。早在1943年2月，当英美盟军在北非登陆的消息传来时，莱克就发现“整个镇子——甚至可以说是整个地区——都兴奋起来，仿佛每个人都喝了香槟酒一样。突然，人们的谈话变得坦率了，脸上似乎散发着光芒。漫长的冬日带给人们的艰难就要过去了……”到了1944年8月16日，他更是感到“空气里弥漫着死亡的气息”，遇刺后的希特勒更为歇斯底里，加剧了对德国社会的控制，像是一个垂死者的挣扎。

莱克未能逃过这挣扎。或许是纳粹军队的节节败退让他的神经松懈下来，他不仅拒绝参加“人民冲锋队”，还在给编辑的信里抱怨自己的版税被通货膨胀吃掉了。第一次被捕后不久被释放的幸运未能持续，1944年12月31日，他再度被捕，他被定罪于侮辱了德国货币。

很可惜，1945年2月16日，他死于集中营。倘若再坚持3个月，他就能看到帝国之崩溃，元首在地堡内自杀。但他的日记留下来了，生命力比他想象得更长久。1947年，一家德国出版社将它出版时，没引起太多注意，一个亟于重建、想迅速忘记历史的德国，无心去面对伤口。17年后，当一家报社重又连载这组日记时，它引发了强烈共鸣，战后一代的德国人准备去理解历史的伤口。接着到来的英文版也没引来太多注意，但40年后，纽约书评再度以“现代经典丛书”的名义出版了它。

我在2013年买到了这个版本。当时的我正陷入一场小型的个人危机中，对自己的前途缺乏信心，也感到时代潮流正与我的个人价值背道而驰，深感无力。我喜欢它的题目《一个绝望者的日记》，更被它的叙述语调吸引，从第一篇的“斯宾格勒之死”起，作者就表现出令人折服的冷静。出于懒散，或是并未陷入真实的绝望，我从未读完它。但每当陷入焦躁，我习惯翻开它，哪怕只是读了其中几个段落，也会获得一种镇定。2016年，我不无惊异地发现，这本书有了中文版，这一次我读完了它。

不无意外的是，它没引我进入绝望，反而给予我莫大的鼓舞。在那些冷静的语调中，你意识到，即使身处一个疯狂年代，你仍可通过自己的方式保持理性，你不仅为此刻的自己而活，你还在前人的审视下与后人的期盼中生活。这个德国人或许想不到，他在绝望时的喃喃自语，不仅帮助自己获得了平静，也将鼓舞很多后来者。

梁启超的美国

一

在城市之光书店的书架上，梁启超正看着我。竖领白衫，系着领带，中分、服帖的短发，镇定的眼神，与梁朝伟有几分相似。照片上弥漫着自信，他不像是一个流亡者，似乎也不担心清王朝对他人头的高额悬赏。

他正处于影响力的顶峰，流亡没有摧毁反而造就了他。流亡令康有为越来越被推入一个冥想的世界，却让梁启超从老师的阴影中摆脱出来，发现了一个更广阔的舞台。

梁启超是19世纪的全球化浪潮的受益者。经由日文的书籍杂志，他接触到一个迅速转型的西方思想领域，全球旅行开拓了他的眼界。他在横滨与东京编辑的杂志被不断偷运到国内，给一代人展现了一个崭新的知识与思想的维度。短短几年中，他由一个辅助性的旧政治变革者，变成了一个现代知识分子、一个舆论领袖，还是一个全球旅行家。他甚至难有一个流亡者的飘零感：在日本，他被青年人包围着；当他前往东南亚、澳大利亚旅行时，海外华人热烈地欢迎他——移居海外的广东人造就了一个世界性的网络。而当地的政要与新闻界对他趋之若鹜，认定他握有中国的未来。

这形象该是来自一张合影照片。那是1903年的温哥华，他与当地的保皇会的领导成员会晤。保皇会创立于1899年7月加拿大的维多利亚，它原本是一群华侨的“保商会”，因为康有为的到来，它被即兴改作了“保救大清光绪皇帝会”。保皇会希望囚禁中的光绪有朝一日能重掌权力，如俄之彼得大帝、日之明治天皇一样，带领中国进行戏剧性的、自上而下的变革。它背后蕴含了这样的逻辑——皇上舍身为民，保皇才能保国，有国才有侨民，才能保商。它也叫“保救大清光绪皇帝公司”，不过在英文世界，它更普遍被称作“中国维新会”。

在散落世界的华人社区中，保皇会受到了热烈的响应，它很快从加拿大蔓延到整个美洲、东南亚、澳洲……这些华人社区的感受，就如同一位保皇会员日后说的：“溯自我会长康梁两先生未倡维新会以前，我海外华人逾于今者数倍，未闻有立一会以救国，未闻立一会保种。”

保皇会可能变革中国，从而给予常在海外遭遇不公待遇的华人以支持。与另一位试图变革中国的流亡者孙中山不同，保皇会的领袖康有为不仅是进士与举人出身，还是皇帝的高级顾问，他携带密诏（这点日后被证明是夸大其词）出逃。对天性保守的海外华侨来说，前者推翻满清的革命共和学说实在离经叛道，后者不仅拥有天然的合法性，其君主立宪之主张也更符合他们寻找明君的思维方式。

梁启超1903年的旅程，是为了巩固保皇会在北美的影响。因为唐才常1900年革命的失败，保皇会陷入了暂时的低潮，它需要新的鼓舞。作为保皇会的第二领导人，梁启超是恰当的人选。在当时广为流传的保皇会的宣传照片中，光绪皇帝出于中间，康有为与梁启超分居左右。其中，梁启超带着瓜皮帽、面颊胖嘟嘟的，一点没有温哥华那张照片的英气。这照片也是他们重构历史努力的一部分。梁启超与光绪皇帝的关系从未密切，他们只见过一面，而且因为梁浓重的广东口音，他们也从未发生有效交谈。尽管如此，梁日后还是写出了栩栩如生的《戊戌政变记》，仿佛他在所有的历史现场，倾听到所有谈话，洞悉了所有的心理活动。这夸大的，也偶尔虚构的历史，是这些流亡者获取合法性，赢得同情、尊敬与募捐的重要方法。

这也是一次被推迟的旅行。早在1899年，他就试图前往北美。他对美国的民主制度一直深感兴趣。日本的生活大大拓展了他的政治视野，他对于不同国家的政治制度、政治文化产生了巨大的兴趣。而4年前，因为一场瘟疫的流行，他被困在夏威夷半年之久。那时，他与孙中山的关系正处于“蜜月期”，并对“革命”有着颇多兴趣，尤其是目睹着清王朝对义和团的鼓励，更是感觉到满人统治早已腐朽不堪，似乎只能用“革命”来荡涤这污垢。

但到了1903年，他的想法再度发生了变化。在康有为的压力下，他与孙中山的关系冷却，更重要的是，他对于革命的看法变化了，按照历史学家张灏的说法，即使“没有明确反对暴力推翻清朝统治的话，那么至少他已倾向于贬低它的意义”。而美国之行，尤其是旧金山的暂居，令他彻底确认了这种“反革命”的思想……

二

梁启超见到了J. P. 摩根。原本5分钟的会谈在3分钟后就草草结束了。考虑要在广东话与英语间翻译、不可避免的寒暄，他们的实质交流几乎没有发生。

“凡事业之求成，全在未着手开办以前；一开办而成败之局已决定，不可复变矣，云云。”日后，梁启超只记下了摩根的这句临别赠语。

对梁启超来说，这是个期待已久却不对等的会面。在1903年的美国之行中，他发现垄断商业组织Trust（托拉斯，他翻译为“托辣斯”）是公共生活中最热门的话题——“要之最近十年间，美国全国之最大问题，无过托辣斯。政府之所焦虑，学者之所讨论，民间各团体之所哗嚣调查，新闻纸之所研究争辩，举全国八千万人之视线，无不集于此一点。”

在笔记上，他事无巨细地记下了一个个托拉斯的名字，它们的产业、资本额度。人们普遍相信，是它们支配着美国。梁启超相信世界的

旧金山唐人街，2015年

竞争正从军事时代进入经济时代（他称为“生计时代”），这些托拉斯很可能是其中的关键。而在这些托拉斯的缔造者中，没人比金融业的摩根更著名、富有权势。他刚刚重组了美国钢铁公司，资本额超过10亿美元，风头甚至超越了石油业的洛克菲勒。

“生计界之拿破仑。”梁启超这样形容他。梁启超孜孜以求的正是为中国找到富强之路，摩根可能正握有这富强的钥匙。

除去沟通不畅，很有可能，梁启超也在摩根面前感到慌乱。66岁的摩根正处于他权力的顶峰，他身材高大，他的大鼻子与他的巨大财富一样世人皆知。在大西洋两岸，摩根的崛起也代表着世界权力的西移——从罗斯柴尔德家族的伦敦移到了摩根的纽约。30岁的梁启超虽以一名中国流亡领袖闻名，却仍处于他的个人的探索发现时期。他原本想和摩根谈谈写作问题，但还是主动放弃了。

在《新大陆游记》，这场会面是最妙趣的插曲之一。这本写作于1904年的游记至今读起来都妙趣横生。他将“波士顿倾茶事件”比作林则徐“虎门硝烟”，它们都开启了各自国家的新历史。他引用了杜甫的“朱门酒肉臭，路有冻死骨”来形容纽约的贫富差距，当他从纽约、波士顿、费城到环境更安静的华盛顿时，说“正如哀丝豪竹之后，闻素琴之音，大酒肥肉之余，嚼鲈莼之味”。他还诧异地发现美国社会对妇女的重视，男人们在街上行脱帽礼，在车厢里主动让座，这正是美国平等精神的象征。他想寻找一个印第安人一查模样，却无所得……

他详细记录电报线路的铺设、港口轮船的吨位，纽约的高楼与交通工具，“十层至二十层者数见不鲜，其最高者乃至三十三层”，每日的生活被“电车、汽车、马车”所包围。他也发现这力量不仅是来自物质与技术上的，也是文化上的。尽管彼时的美国仍普遍被欧洲视作“暴发户”，但它的公立图书馆、博物馆、大学都给梁启超留下了深刻的印象。尤其是美国的现代新闻业，它足以代表知识的一种新的生产方式，“盖泰西之报馆，一史局也……其最足令吾起惊者，则文库是也。故无论何国，有一名人或出现或移动或死亡，今夕电报到，而明晨之新闻纸即登其像，地方形胜亦然”。

这是个大开眼界的旅程，梁启超将7个月的旅程——从北部的温哥华到南部的洛杉矶，历经3座主要的加拿大城市、28座美国城市的旅程——变成了一场知识探索。

“从内地来者，至香港、上海，眼界辄一变，内地陋矣，不足道矣。至日本，眼界又一变，香港、上海陋矣，不足道矣。渡海至太平洋沿岸，眼界又一变，日本陋矣，不足道矣。更横大陆至美国东方，眼界又一变，太平洋沿岸诸都会陋矣，不足道矣。”梁启超在游记中写道。

他的经历也正是一个19世纪知识分子的普遍性经验（不管他是欧洲还是亚洲与非洲的），他们都面对一个地理的、历史的、思想的、物质的迅速扩张的世界，既为此兴奋不已，也为此焦灼不堪，他们都有着压缩的、重叠的人生。

美国是他30年来遭遇的最强大与繁盛的国家，他所寄居的日本也正是因美国人的黑船才开始变革之旅的。

梁启超到来时，美国正处于它的一个“历史分水岭”。在分水岭一边，是一个农业的、地方性的、价值保守的美国；在另一边，则是一个工业的、全球性的现代美国。几乎从一切方面，人口、社会组织、经济、技术、道德，美国都面临着深刻的、充满希望的，却也困苦不堪的转变。

J. P. 摩根是这一转变的象征之一，他代表着金钱的高度垄断。托拉斯既是财富的来源，它是转型期种种社会疾病的替罪羊，它似乎腐蚀了美国生活，贫民窟、商业与政治腐化、城市管理、种族偏见、贫富差距诸多问题似乎都与它有关。

梁启超会见总统西奥多·罗斯福则是另一个象征。梁启超称罗斯福与德国皇帝威廉二世相仿，是世界舞台上最令人赞叹的政治人物。他代表着一个新兴帝国的扩张。罗斯福是美西战争的狂热支持者，他将国家的扩张比作历史的生命力——“每一次扩张所以发生，是因为其民族是伟大的民族……在我们仍处于血气旺盛的青壮年阶段，仍处于辉煌灿烂的盛年的开始时期，能够和那些疲惫不堪的人坐在一起，和那些羸弱的懦夫掺和在一起吗？一千个不。”

梁启超陶醉于这生命力，因为中国多少正是“疲惫不堪的人们”。他也对其中的扩张感到不安，新兴的美国正加入帝国的行列，“吾恐英国鸦片之役、法国东京湾之役、德国胶州湾之役，此等举动，不久又将有袭其后者”。

借由这二人，梁启超感觉到一个政治与经济上双重集权的时代到来。他必定还不知这两种力量是冲突的。国家权力与托拉斯正在争夺国家生活的制高点，罗斯福曾公然向摩根的著名鼻子挥舞拳头。

他也对美国民主政治充满了怀疑。他发现民主政治是平庸者与腐败者的游戏，频繁的选举令政策难以持续，往往是三流人才加入政治生活。幸好他没有读到正大获全胜的“黑幕新闻”的报道，他的最大胆、生机勃勃的美国记者同行正在把美国描述成一个一无是处之地，城市充满罪恶、托拉斯摧毁普通人的生活、政客们沉湎于欺诈，个人面对这个物质巨人无处可逃……

在相当程度上，梁启超的观察是托克维尔式的，他尝试理解另一种政治制度、社会制度的结构与风俗。这是启蒙运动以来最重要的知识传统，这也正是梁启超不遗余力试图带入中国的。这视角也很有可能令《新大陆游记》成为中国第一本现代意义上的游记或是报告文学，它不再如传统文人那样描述风景或是内心，而尽可能地描述政治、社会环境、他所遭遇的人物，书中蕴含了庞杂的信息。

与托克维尔一样，梁启超不是系统式的思想家，也不是学术观点的迷恋者——他们是直觉式的。强烈的问题意识给予他们独特的视角。来自君主之国的托克维尔寻找的是“民主”，相信民主是我们时代独一无二的理念，是历史的潮流。梁启超的最大热忱则来自美国如何富强，而中国又可能从中借鉴什么。在与美国华人的接触中，他深感美国式的民主制度是不适合中国的……

浪漫的失败者

在鹿儿岛机场的自动扶梯旁，我看到了西乡隆盛。肥壮的身形、硕大的头颅，左手抚着腰中剑，一位经典化的武士。每个日本人都熟悉这个形象，近代日本史上很少有人比他获得更神话的位置。人们普遍相信，他既代表着维新志士最刚烈、勇敢的一面——一小群人推翻了庞大、腐败的幕府，把日本引入了现代之路；他还代表了一个强者之温柔——主动放弃权力与财富，与被新历史进程遗忘的武士、平民站在一起，维护失败者的尊严。

这个西乡隆盛有一点不同，他右手还牵着一头黑牛，给威严增添了一丝农夫式的憨厚。“鹿儿岛黑牛，日本一团体综合优胜”，画像一旁的标语上写道，有趣的是下面还有“和牛维新”四个字，显然一切都和明治维新150年纪念有关，这头黑牛也将更新日本牛的精神。

这则广告也象征了西乡隆盛另一重身份。他是明治维新的领袖，但只有在家乡鹿儿岛，他才是无处不在的存在，既能激起神话式的赞叹，又有乡人般的亲切。他的铜像挺立在山脚下，他创建的学校遗迹仍在，路旁的石墙上仍有着他战斗时留下的弹孔，关于他的记述与评论排满了书店的一角，他的卡通形象被张贴在建筑工地的外墙上，他的公仔堆满礼品店的柜台，两抹粗眉引人发笑……

更重要的是，他仍存于每个人的内心。“敬天爱人”，一位白发老人在纸上写下她认为的西乡哲学；“我会把他留下来”，一位居酒屋女店主说，倘若西乡来访，要奉上熬了两天两夜的排骨，她猜他喜欢这浓重的糖醋味；一位琴师则想在他自裁前夜，为他奏一曲萨摩琵琶，这四弦乐器像示现流剑术一样是本地标志，它的哀伤、凄婉与刀锋上的寒光代表着残酷武士的两面。

沿甲突川散步时，满眼都是风中舞动的明治维新150年的彩旗，河畔的纪念馆被称作“明治维新故乡馆”。在此地，维新不仅是一桩重大历史事件，更是一次地方行动，浓重的自豪感弥漫于各处。要为西乡炖排骨的女店主快活地说，倘若西乡在西南战争中获胜，鹿儿岛就会成为现在日本的首都吧。

玩笑背后也是一种失落。比起150年前的萨摩藩，如今的鹿儿岛失去了其领导性。高山曾阻碍萨摩藩与江户、京都的联系。通过海洋，它与中国与东南亚却有着长久的贸易往来。因为远离权力中心，它也有更多的思想与行动自由。早在1868年前，萨摩就已经进行了诸多现代化的举措，开设工厂，制造轮船，派遣留学生，西乡隆盛这些变革者也在这样的气氛中成长。

今天的鹿儿岛港湾异常平静，偶尔才见渡轮与划水的舢舨掠过，坐在仙岩园中昔日藩主岛津齐彬的座席上，再难想象千帆竞过的繁盛景象。新的全球化取代了19世纪的贸易世界。

这失落也与1877年的战争相关。为了维护地方精神与武士荣誉，西乡隆盛率领乡间子弟反抗中央政权，这次失败也意味着一代地方精英骤然逝去，这历史的伤口多少令人想起内战之后的美国南方。对西乡隆盛的传颂也是对这种失败的逆反，鹿儿岛或许在现实战斗中失败了，志士们的精神却长存。西乡隆盛比任何一位维新志士的名声都更持久，并随着岁月流逝愈发令人敬佩，他代表着现代世界失去的道德勇气。

多年前，我在梁启超的书中第一次看到西乡隆盛的名字。百日维新失败后，谭嗣同劝梁启超逃走自己留下，用了月照与西乡的类比——他要向月照一样死去，梁启超则应像西乡一样活下去，把未竟事业推进下去。

我很是怀疑，这些年轻的中国变革者对于日本的倒幕与维新有多少了解。他们不知道，或许也会刻意忽略掉日本变革的复杂性，把它更单纯地理解成个人勇气与决断的胜利。康有为曾劝说光绪皇帝，只要他像明治天皇一样，决意改革，发布誓文，颁布条例，中国就能在三年内获得富强；而在长沙的时务学堂，梁启超也用日本志士的故事勉励学生。在一个深陷麻痹与无能，即将分崩离析的世界，他们一定能从日本志士身上找到极大的共鸣，道德勇气既是松散个人的黏合剂，也是行动的催化剂。

真实的故事远比这些复杂。在鹿儿岛，西乡隆盛虽无处不在，大久保利通的塑像也同样矗立。他们二人与长州藩的木户孝允被称作“明治维新三杰”。也正是他们背后的萨摩藩、长州藩的联盟，促成了幕府统治的结束与明治维新的开始。大久保利通身后的声誉远不及西乡，他不仅生活于西乡的阴影之下，还作为他的对立面出现——以中央政权压制地方力量，趋求功利缺乏道德原则。

倒幕运动中的亲切战友，在成功后成了对手。与中国人经常想象的高效历史进程不同，明治维新中存在种种冲突与挣扎，它日后的灾难早已蕴藏于最初的种子里。西乡的真实形象也一定有别于今日的传说，倘若他不是一位敏锐、精于计算的战略家，又如何在混乱的幕末时代脱颖而出？倘若他在1871年也随木户孝允的考察团一起出访，他对日本形势的评判、对武士地位的过分推崇或许也会发生改变。道德勇气背后也常伴随着自我中心式的封闭。

这复杂性很容易被种种传说冲淡。在山间散步时，我经过西乡隆盛洞窟——在生命的最后5天，他和残留的萨摩战士住在其中，等待着政府军的最后进攻。在洞窟里，他和同伴们继续下棋、作诗、谈笑，等待着必定的失败与死亡。这一幕令所有的追问黯然失色，人们热爱也需要神话。

刺　客

行刺前，他回到家乡，祭拜了亡母坟，与父亲道别。妹妹送他出门时，雪正下个不停，他想起了《出乡作》："决然去国向天涯，生别又兼死别时。弟妹不直阿兄志，殷勤曳袖问归期。"这首诗作于1860年，水户藩武士佐野竹之介决定刺杀幕府的大佬井伊直弼时，借此表达内心之悲伤。

生于1869年的群马县的小山丰太郎，是一位维新之子。天皇一年前从京都迁往了江户，并将之更名为东京——东方的京都。一群来自萨摩、长州、土佐的年轻藩士取代了暮气沉沉的幕府，他们要建立一个中央集权制的日本，帮它获得可以抗衡西方的力量。16年前美国黑船的来袭，促成了这个岛屿之国的觉醒，也引发出无数暴力与纷争，崭新的尝试让人兴奋，也让人困惑无穷。

小山丰太郎正是在这样慌乱也刺激的气氛中成长的。他的家乡从馆林藩变为群马县，父亲从一名高级武士变成一名国会议员，他就读的庆应义塾是福泽谕吉创办的。作为当时最重要的启蒙思想家，福泽致力于用一整套新价值观、行为与语言来取代旧形态。

“一个人若活过近代日本之过渡阶段，他会有一种与别人不同的老迈感，因为他目前完全活在一个现代世界，上下周围尽是在谈论着脚踏车、杆状菌及‘势力范围’等现代事物，但其脑海里仍可以清晰记得中古时期的事情，”英国人张伯伦在1891年写道，他自1873年起就住在日本，是一代人中最著名的日本专家，“那些可爱的老武士曾引领我进入日本语的神秘领域中，当时梳的是辫子，身上带着两把利剑。这些封建遗风现在已沉睡在涅槃中。老武士的现代继承人，现在可说颇流利的英语，日常穿着高领绅士服，望之与欧洲人无大不同，所差者只不过是日本人游移不定的眼光与稀疏不密的胡子，旧东西好像在一夜之间便消失得无影无踪。”

没有史料记载这些变化对于小山丰太郎的影响。他被历史记下一笔，不是因为他对日本社会在智识与行动上的贡献，而是在某个重要历史时刻，他充当了一名狂热者。1895年3月24日下午4时40分，他在马关行刺了李鸿章——这位北洋大臣正在此与伊藤博文谈判，中国输掉了这场战争。

我在傍晚的下关闲逛，小城懒散、诗意，夕阳将狭长的海峡映照得金光闪闪，对面的九州岛朦朦胧胧。如果两岸再多些高楼，就有了点维多利亚港湾的味道。此地还以河豚闻名，下关的河豚像是阳澄湖的螃蟹，在菜谱上有着特殊的意义，渔民还把别处的河豚放养于下关海峡，以获得更昂贵的身份。

这里到处是河豚的形象，它们都胖嘟嘟的，像是在拼命憋气，周身洋溢着因笨拙而带来的可爱，毫不担心自己即将死于刀下的命运。春帆楼前，也有一尊河豚青铜像，它是下关也是全日本第一家河豚料理店。据说丰臣秀吉的河豚禁食令持续了200多年，直到春帆楼在明治二十一年（1888年）的开业。

李鸿章喜欢河豚的滋味吗？1895年3月19日至4月17日，他与伊藤博文、陆奥宗光在春帆楼进行了5次艰苦又屈辱的谈判。最终签署的《马关条约》，是中国近代史真正的转折点。比起1842年南京以来的一连串条约，这一次彻底震惊了中国，条约前所未有的苛刻，战胜者更是一贯被藐视的“倭人”。贯串近代中国的失败叙事因此而起，危机意识更是四处弥漫，它让中国醒来，也陷入一种越来越急迫的焦虑之中。

我步入春帆楼，服务员客气、冷漠，找不到一杯清酒或热茶。旧春帆楼早在1945年的盟军轰炸中消散，取代的是3层水泥建筑。它仍是闻名遐迩的河豚料理店，也兼旅馆经营，你很难订到位子。在旅馆的墙壁上，我看到山县有朋、犬养毅的汉文题字，一手漂亮的好字。他们皆是伊藤博文的同代人，彼此争吵不休，分享着建立一个强大的现代日本的使命感……

春帆楼前还有伊藤博文、陆奥宗光的雕像，伊东巳代治书写的碑文——他是当时的书记官，烟台的换约也是由他与伍廷芳进行的。碑文写于1923年，行文用典雅的汉文，其中一句“今日国威之隆，滥觞于甲午之役”，正是对这一条约最佳的注解。这也是不无感伤的碑文，他眼见两位导师的离去——陆奥宗光在1897年就已病逝，伊藤博文则于1909年在哈尔滨被朝鲜青年安重根刺杀。

我期待的历史悲壮感迟迟没有到来。翻阅随身携带的一位年轻历史学家吉辰所著的《昂贵的和平——中日马关议和研究》，我在附录中发现了小山丰太郎的回忆文章《旧梦谭》。它比之前期待的悲壮，更吸引我。人人皆知李鸿章遇刺，却很少人知道刺客做何感想，他的结局如何。法官顶住了来自伊藤博文的压力，没有判处小山丰太郎死刑，而是将他处以终身监禁。他被押解到北海道服役，两年后因大赦减刑，1907年假释出狱。31年后，他应《日本与日本人》杂志之邀，写下了他的回忆，此时距离刺杀已43年。另一场中日战争已经爆发，日本再次处于狂热之中。

时隔多年，小山丰太郎的语调漫不经心、过分诙谐，却也有着意外的坦诚。他的自述是一个被大众媒体鼓噪出的狂热民族情绪的最佳象征，这“爱国”情绪也是一个思维混乱者的另一种表现。

他的叙述始于朝鲜危机。一开始，日本公众并不热情，他们对于能否战胜这样一个庞大的、长久以来占据绝对优势的中国缺乏把握，但当胜利不断传来后，举国陷入了狂欢，这狂欢催促更大胆的行动。

像很多人一样，小山期待“一路追击毫无骨气的支那兵，铁鞭遥遥北指……用不了半年，就能让四亿支那人在北京城的日章旗之下跪倒了”，因为“支那人多半似乎有着对世界之大势不介意的大国民神气。

视朝鲜为属国，视日本为小国，唯独自夸为世界之大国，就是这样半身不遂的老大国民。显而易见，不彻底地惩戒一下，不晓得什么时候会制造麻烦。这是东洋和平的癌……”。

战争状况没有吻合他的期待，日军未进军北京，李鸿章要前来日本议和时，他陷入一种深深的焦虑与愤慨。他不仅仇恨李鸿章，也愤恨伊藤博文。

他在横滨买了五连发手枪，怀揣诗歌集与李鸿章的照片（称他有“故作和善而不无戒备的眼神”），写下“斃奸状”，决意去刺杀李鸿章。他的打扮颇为时髦，鸭舌帽，萨摩木屐，白色毛线编的又粗又长的羽织纽。除去回家道别，他还前往东京最著名的花街芳原，“因为是此生的最后一次，想要找个让自己不留遗憾的美女”。在这风月场合，他甚至想起西野文太郎刺杀森有礼、来岛恒喜刺杀大隈重信的例证，妄想与暴力成了这些内心暴躁、不满的青年人的最佳发泄出口。尽管对中国充满厌恶，他仍会引用孟子的“何必曰利，亦有仁义而已乎”自我激励。这是此刻日本的反讽之处，从首相到平民，不管他们多么想摆脱、击败中国，他们的精神世界仍深受中国的影响。

途经战时指挥部广岛时，他内心满是对伊藤博文的厌恶，将之比作“好色的老狒狒”，想先杀了他。他对自己的枪法没什么信心，但他身无分文，全靠维新志士的精神自我鞭策。终于来到马关，他疲乏饥渴，感到脖颈与后背因虱子而来的瘙痒——这是个轻易可以隐于人群中的普通人。

当在人群中终于看到李鸿章时，他觉得“比起照片上的形象，眼光更是炯炯射人，的确是伟人的风貌。年龄约有七十，真是老英雄的典范。从眼睛看其人悠扬不迫的态度，不由得佩服这眼睛比照片上还要犀利。真不愧是睥睨东洋的眼睛！”。此刻，李鸿章刚结束当天的谈判，从春帆楼返回他所住的引接寺。

小山丰太郎从人群中挤出，直至轿前，手按轿夫肩膀，趁轿夫惊讶停进之际，对李鸿章开枪。子弹射入李鸿章眼窝下，没有致命，却给他带来持久的痛苦，加速了他的死亡。中方完全没有把握这一意外，将之转化成谈判桌上的筹码。国际压力则促使日本做出少许的让步。

“口头说起来，或者文章写起来，这之间看起来好像过了很长时间似的，”小山丰太郎1938年写道。“但是从我的手伸向轿子，到我的肢体被绳子捆住，时间大概只有两分钟。”此时已是69岁的他说，“为了这两分钟，令天下为之骚动，真是抱歉万分，而我自己，也被不遗余力地处以岛流的极刑”。

这位“两分钟名人”直到1947年才去世。他目睹了两颗原子弹的爆炸和日本帝国的崩溃。这个帝国正是从1895年战胜中国起开始迅速膨胀的。

坂本龙马牌咖啡

一

他执意要送我坂本龙马牌的袋冲咖啡。在包装盒上，是那张著名的照片：这位土佐志士身着松松垮垮的和服，双手背后，一头乱发向后拢去，一把短刀斜插在腰间，昂首远方，眉毛粗重，双眼眯成一条狭长缝隙，紧闭的嘴角向下撇去，显得踌躇满志又漫不经心。这神情也是志士们对自己的普遍期许——心系日本之命运，却把个人安危置之度外。

在1853年黑船来袭与1868年明治维新肇始之间，这些来自不同藩的志士是推动日本改变的最活跃力量。很可惜，这张照片的一角被裁剪掉，坂本龙马的那双皮鞋消失了，他的另一个特性也因此遮蔽——在这群志士中，他不仅以眼界开阔、勇敢无畏著称，还是他们中最时髦的一位。他喜欢西洋的手枪，用皮鞋替代木屐，还是第一个旅行结婚的日本人。或许他也是个咖啡的爱好者，至少这盒袋冲咖啡宣称，这是“龙马爱过的咖啡”。

金子刚先生是咖啡出品人。他年近六十，消瘦、挺拔，脸上总是挂着微笑，曾经营过多年的日本料理与西餐厅。他泛黄的头发、有些凹陷的眼眶，很容易让人联想起长崎的外来因素。在漫长的德川时代，这座城市是日本唯一的对外窗口，欧洲的影响渗透到食物、建筑、语言、风俗甚至人的基因。当然，这只是我的猜测。

在一间狭长安静的办公室里，金子刚讲起18年前他前往高知县——在德川年代，这是土佐藩，坂本龙马正是从这里走向全国性的舞台——他说服了这些故乡人，授权给他坂本龙马品牌，创造了这一款咖啡。这也是日本的另一个有趣之处，它的历史人物既有神一般的地位，备受崇敬，又有一种奇特的亲切感。他们被制成玩偶、进入漫画、拍成偶像剧、进入商业广告，像是你身边的朋友。各地都会组成协会，他们研究、讨论这些人物，寄托自己的个人期望，寻找社群的慰藉。在这些历史人物中，坂本龙马的角色尤其突出，也最受欢迎，他不仅创造了历史功业，还对当代人有致命的吸引力——软银的创始人孙正义就公开宣称自己是他的追随者。

这个形象是事实与传说的混合体，每个时代都按自己的方式塑造他。第一部关于坂本龙马的小说，出版于1883年。那正是自由民权高涨之时，龙马被塑造成一个民主与宪政的先行者，土佐藩虽已变成了高知县，但他的昔日伙伴板垣退助成为了这场运动的中坚力量；20世纪20年代，众多小说将他塑造成一个和平主义者、一个为自由而战的人，这响应了大正民主浪潮；到了20世纪40年代初，他又摇身变成了帝国海军的先驱、狂热的爱国者。

而金子刚与孙正义崇拜的龙马，来自司马辽太郎。这位历史作家在1962到1963年的一份杂志上连载了《奔跑吧，龙马》，将他塑造成幕末维新中最重要的英雄。与传统的武士不同，他是一个战略家、一个联盟缔造者、一个永远拥抱新事物的人物。这也是个励志故事，龙马并非天生不凡，甚至到了12岁仍会尿床，全凭个人意志与远见，开创了自己的命运。这个形象正与战后的日本新精神吻合，从战争废墟中站起来的日本，要用贸易与商业重新证明自己。这套历史小说不仅卖出了2400万册之巨，还被一次次地改编成电视剧、舞台剧、漫画。

“我喜欢他的企业家精神，能无中生有。”金子刚说。40年前的大学时代，他也是司马辽太郎的热情读者。如今，他的另一个身份是长崎的坂本龙马学会的副会长。在一家坂本龙马主题的居酒屋，我还见到了消瘦、内敛的会长——身穿龙马式的和服，只是腰间少了一柄短刀。他在长崎大学学习水产科时，就为龙马的胸怀大志与实干精神所吸引。

他们创建了这个社团，举办各式聚会，与遍布日本各地的相似组织，分享对龙马的理解。他们还在风头山上集资兴建了龙马的铜像。龙马双臂抱怀俯视着长崎港，似乎不仅给昔日，也给此刻的日本指出了方向。

二

在长崎的一家海港酒吧，我喝着麒麟啤酒，翻阅着手边的《坂本龙马与明治维新》。已故的马里乌斯·詹森是英语世界最重要的日本权威之一。他在日本研究中的地位，类似于费正清之于中国研究。1922年，他出生于荷兰，还是个婴儿时就到了美国。他原本在普林斯顿研修文艺复兴与宗教改革时期的欧洲史，战争改变了他，冲绳服役的经历让他对日本发生兴趣。1969年，他出任普林斯顿刚设立的东亚系主任。他可以同时用英文与日文书写，出版的著作超过20本。《坂本龙马与明治维新》出版于1961年，也是这位历史学家的成名作，出现在关于日本的各式必读书单中。

很可能，司马辽太郎的小说受到它的影响，但比起冗长且滑向个人传奇的小说，这是一本严肃的历史著作，詹森想借这个土佐藩武士短暂的一生，折射出幕府末年日本的政治、社会状况——这个常年封闭的社会如何应对突然到来的外来冲击，个体如何在这混乱中展现雄心、才华与勇气。

长崎是阅读这本书的理想地点。潮湿的海风拂面，夕阳下的港口，船影绰绰，间歇有黑色的山鹰从山上冲下，掠过海面。这个安静、诗意的港口曾经忙碌异常，自1641年德川幕府锁国以来，它是日本唯一被许可的对外窗口。在我所坐的酒吧不远处，就是出岛，在漫长的时间里，这个人工岛是日本主要的贸易中心。每年8月、9月，季风把荷兰商船从巴达维亚吹到此地，带来胡椒、砂糖、玻璃器皿、天鹅绒，11月后，再将铜、樟脑、漆器运出。贸易从来不仅关于货物，也与理念、思想紧密相连。尽管在欧洲国家中，荷兰以实利主义著称，但这小小的出岛，仍变成了新知识中心。一些好奇心旺盛的日本人开始学习荷兰语，并从零星获得的著作中，开始钻研医学、天文学，这些知识原本只能从中国人的书籍中获得，由此也诞生了“兰学”。

长崎也是各种新事物的体验之地，羽毛球、钢琴、咖啡、巧克力……我手中的麒麟啤酒也诞生于此，是日本本土酿造的第一款啤酒，它的制造者就生活在酒吧斜对面的山间。作为怡和洋行的大班，苏格兰人Thomas Glover（托马斯·格洛弗）也卷入了幕末维新的浪潮之中，他出售舰船、大炮给萨摩人，还送年轻人前往英国读书，他相信萨摩藩与长州藩，而不是江户的幕府将军，才能代表日本的未来。他也认识坂本龙马。

长崎是坂本龙马展现自我的最佳舞台。1865年，他带着20多名土佐藩人来到长崎，创办了一家商贸公司。时年30岁的坂本已经验老到，动荡的社会环境逼迫他迅速成熟。

1835年，他出生在土佐藩一个富裕的乡士之家，当时日本似乎处于一种永恒的稳定之中。1603年统一日本的德川家康与其继承人，创造了一种精巧的统治机制：身在江户的德川将军是权力的中心，大名又是各自封地统治者，拥有自己的军队和官僚系统。将军用土地分封与参觐交代来控制大名。将军按“士农工商”划分了严格的社会等级，每个人被牢固地限制在土地与身份之中。与中国称读书人为“士”不同，日本的士是“武士”。

这个模式为德川幕府赢得两百多年的安定，但它的控制不可避免地松弛，无法适应一个更复杂的日本社会。大名生出了越来越强烈的自主意识，武士则日渐潦倒，在日益扩展的市场力量中，他们找不到位置，不满开始蔓延。在坂本龙马出生后不久，一场失败的天保改革更加剧困境。

直到前往江户之前，坂本龙马对此所知甚少，除去所属的村庄及藩国，甚至不知日本意味着什么。像很多武士一样，他学习剑术、儒家著作与朴素的道德准则，其中一条是“片时不忘忠孝修行，此为第一要事”。

18岁的他在江户一家武馆深造时，黑船开入东京湾，江户城陷入恐慌，他与土佐藩士兵一起被派往品川备战。“异国船各处到来，如此则近日有战。其时，吾当取异国之首后回国”，他在给父亲的信中写道。尽管当时并不清楚这意味着什么，像很多同代人一样，黑船事件是坂本龙马政治意识觉醒的开始，这些下层武士突然发现，他们有了开创命运的机会。

几年之后，坂本龙马被卷入迅速兴起的“尊王攘夷”运动。德川幕府的政治机制的隐患显现出来，尽管依赖幕府的保护与支持，京都的天皇仍是名义上的统治者，但这双元权力结构创造的缝隙让一部分不满幕府内政与外交政策的人士脱颖而出，他们既有势力强大的大名，也有雄心勃勃的宫廷官僚，更有下层武士，他们是其中最活跃的因素。

他们以“志士”自诩，宣扬一种放荡不羁的生活方式，在酒肆与伎馆痛饮畅谈，推崇暴力与自我牺牲。他们为陷入危机的日本找到一条简单、明确的道路——追随天皇而非幕府的权威，驱逐、攻击外国人以及这些外国力量的日本支持者——不管他们是官员还是学者。

坂本龙马也是“志士”的一员。除去纵情于风流韵事，他也试图刺杀著名的开国论者胜海舟。年长坂本12岁的胜海舟曾是个热忱的兰学者，还在长崎学习海军，驾驶航船前往美国，长期鼓吹培养翻译人才、训练海军。他们的会面成了日本历史上最浪漫的传说之一，预谋的刺杀变成了促膝长谈，胜海舟对日本前途的分析让坂本大为折服。在给姐姐的信中，坂本称胜海舟是“日本第一人物”，并追随他前往神户开设海军学校与造船厂。这18个月的经验将这个土佐志士带入一个更开阔与复杂的世界，他逐渐了解西方，超越了地方藩国的日本概念，习得更成熟的处世之道，获得了一个新关系网络。

这种新能力令他在接下来几年脱颖而出。19世纪60年代的日本进入了一个更为颠簸的年代。天皇与幕府摩擦不断，将军继承人之争也不停歇，外样大名长州藩公然倒幕，英国人炮轰了马关与鹿儿岛，使两个最强大藩国意识到“攘夷”的不可行。

在1867年一片混乱的长崎，坂本龙马却看到一条新道路，他成立了名为“海援队”的商业组织。它的资金来源于萨摩藩，邀请长州藩的伊藤博文与井上馨住进萨摩公馆，从托马斯·格洛弗手中买到7000支来复枪，他还说服萨摩藩从长州藩购买大米。对原本互相敌视的长州与萨摩来说，这种关系不可想象。坂本龙马奔走于九州、萨摩与京都之间，极力促成联盟的达成，他相信，只有这个联盟才有足够的力量击败幕府，创造一个新日本。

到了1867年，他已确信幕府统治即将结束，开始憧憬一个新秩序。在前往京都的船上，坂本写下了8条改革计划：

> 天下政权奉还朝廷，政令当出于朝廷；设上下议政局，置议员以参万机，万机决于公议；选有才之公卿诸侯及天下之人才，赐官晋爵，以为顾问，令除旧来有名无实之官；广采公议交际外国，新立至当之规约；折中古来之律令，新撰定完善之大典；扩张海军；置亲兵以守卫帝都；金银货物与外国定宜当之法。

这就是著名的《船中八策》，尽管它不过是当时流行看法的总结，但诉诸文字后诞生出另一种力量：很多人相信，明治天皇的五条誓文正脱胎于此。

在京都，迎接坂本龙马的不仅是即将到来的胜利，还有突然的死亡。1867年12月10日夜晚，在河原町的一家酱油店里，坂本龙马被刺杀，年仅32岁，至今没人知道刺客是谁。死亡塑造了坂本的神话，他无须面对明治时代的新混乱，他的朋友西乡隆盛从一个维新缔造者变成了叛军头领。在很多人眼中——比如他的土佐同乡板垣退助——长州与萨摩的获胜武士也成了新的压迫者，他们塑造了一种反民众的寡头政治。

三

回国后的一个早晨，我冲下一杯龙马咖啡，很可惜，并没有体验出它的独特之处。窗外的北京笼罩在冬日的萧瑟与雾霾之中。我忽然想起詹森对于那些“志士”的描述：

> 在冬季的江户，他们身穿薄薄的便服，光脚踩着木屐在大街上走来走去。他们不修边幅，而且大肆挥霍，必要时也不是不会向商人借款或者干脆强取豪夺……作为一群没有计划的革命者、正在寻找领袖的追随人，他们在摸索一个更有机会出人头地的社会。不过，他们身上也有一种真正的爱国精神，而且相信自己的国家正处于危险之中……此时立刻采取果断的措施要比逻辑而理性的分析这种危险的内涵重要得多。

不管历史学家对于幕末与维新做出了多少政治、经济、文化分析，多么强调时代背景与社会结构，但人们总是倾向于记住（或猜想）那浪漫一刻：个人摆脱种种束缚，做出了大胆的抉择。坂本龙马多姿的一生以及他突然的死亡，使得他无疑成为一代人中最浪漫的一位。

浪荡的革命者

车在新横滨拐来拐去，最终看到了有“宫川”两字的小院落。按门铃，一位短发、胖胖的女士引导我们，穿过小院内的花丛、小树，走到两层小楼前。我们脱鞋、弓腰走上榻榻米，屋内的陈设简单、略有凌乱，像是老派的、稍有拮据的日本人家。一个长方脸，留稀疏长发，穿灰色西装的老人起身欢迎我们。他的眉宇之间的确有某种似曾相识之感。他是宫川弘，他的外祖父是孙中山。

1905年夏天，流亡日本的孙中山娶了横滨的19岁少女大月薰，一年后，他们的女儿诞生了，最初她得名“文子”，暗示她的父亲是孙文。不过，此刻的孙中山正在西贡策划另一场起义。当他在1906年10月回来后，他可能没有时间，更可能是忘记了去探望这个妻子与他们的女儿。

流亡的革命家的生活，是由失败的苦涩、受困的雄心、莫名的希望、被同志背叛、酒精与陌生异性肉体的抚慰构成的，他也必须活在此刻与未来，而不是过去。

大月薰未能熬过这忽视与遗忘。1911年11月，她将文子（后更名为“富美子”，在日文中，它与文的发音相同）交给宫川夫妇做养女。两年后，大月薰嫁给了三轮秀司，在一段失败婚姻之后，她在1915年再嫁给一名寺院住持实方元心，生育一子。

此间，她与孙中山最可能的重逢是1913年。彼时，孙作为中华民国前总统、国民党党魁、时任铁道部部长，访问日本。他的到来激起了日本社会的强烈反响，作为一名得到日本庇护的流亡者，最终变成了现代中国的缔造者。从首相兼外务大臣桂太郎、立宪国民党领袖犬养毅到玄洋社的创办人头山满，都是他的热忱欢迎者。日本的报纸连篇累牍报道他的行程、猜测他的出访目的。华侨社会更是一片沸腾，那些革命党的支持者，品尝到了收获的喜悦……

关于孙中山的逸事，则出现在当地的报纸上。一家叫“对阳馆”、曾招待过这个革命者的旅馆老板娘对《东京朝日新闻》说，“孙先生喜欢年轻的女人，因此姑娘们都从赤阪（东京著名的花街）来到这里”，他与日本同志在商讨起义、筹款时、或浇愁时，“整日饮酒，而且每人若不抱一个女子就不善罢甘休”……这纵乐之中，更是一种无奈与悲壮，他们需要骗开日本警察的监视，也知道他们的命运未卜。

大月薰也出现在这些逸事里。但因为生病，或许也是回避，他们在1913年原本可能的见面未遂。不过，这谈不上有诚意的邀请，孙中山邀请这昔日的妻子来参加集体的欢迎会，而他身边则有另一位妻子卢慕珍。

我见到宫川弘时，这些往事早已烟消云散。在他1941年出生时，她的母亲是宫川吉次的妻子宫川富美子，几乎没人知道她的特别身世，她像是历史缝隙中的见证人。这情况在“二战”后的日本才逐渐改善，流亡至台湾的国民党政府与日本结成冷战的新同盟，国父孙中山的故事则被逐渐挖掘出来。这也给宫川富美子与她的两个儿子宫川东一与宫川弘带来了某种改变，他们突然与一个既荣耀又神秘的传统产生了关联。

这些细节，是我从一本叫《孙中山与大月薰》的书中看到的，它的副标题带有强烈的流行文学色彩——“一段不为人知的”。但写作不乏严肃之处，尽管结构过分松散，但其中大量昔日的日本报刊档案却颇为珍贵。作者张先生曾是中国社科院的日本研究所讲师，1992年留学日本，他的好动性格让他离开学院，从此在东京的中文媒体工作，他其中的一名助手日后成为了第一个获得芥川龙之介奖的华裔作家。

也是在此期间，张先生开始了对孙中山的日本踪迹的追溯。很可惜，只有一家香港的出版商对这个题材感兴趣，并把它塑造成香艳的逸事。我在一个饮清酒、吃火锅的夜晚，遇到张先生。孙中山的后人，让我深感兴趣。

在宫川弘的榻榻米上，我们的谈话很不自然。或许，我也不知该询问什么。留着长鬈发的宫川先生能对孙中山有什么特别的看法吗？这血缘的联系早已被历史与现实冲得七零八落。我似乎记得，当宫川弘与孙中山的孙女孙穗英坐到一起时，他们甚至无法交谈，前者讲日文、后者讲英文。这似乎也恰好不过地表明了孙中山作为一个全球性革命家的特性。

每当宫川弘试图讲话，他的中气十足的太太就打断他。借由张先生的简短翻译，太太没兴趣谈起这些往事，对我们深感不信任。我们是陌生的闯入者，引起了某种不安，我们对历史的猎奇干扰了他们的日常生活……在不无尴尬地离开时，我想，她的确是对的。

一开始时，他对孙中山印象不佳，这位大名鼎鼎的流亡者，“口未漱，脸也未洗……对他举止动作的轻忽、略失庄重之处，则不免感到有些失望”。接着，孙中山梳洗完毕，换上衣服，端坐起来“实在比得上一个好绅士”，但仍让他觉得缺些威仪。但当孙中山开始讲述满清的腐败统治、欲实现共和理念时，则显露出另一种景象“静若处子的他，想不到竟如脱兔一般。不，一言重于一言，一语热于一语，终于显示出深山虎啸的气概”“他的谈吐虽不巧妙，但绝不矫揉造作，滔滔不绝地抒发其天真之情，实似自然的乐章，革命的旋律，使人在不知不觉间为之感动首肯”。

在《三十三年之梦》中，宫崎滔天这样描述他与孙中山的会面。这大约是1897年9月的横滨中华街。宫崎滔天出生于1871年的熊本县荒尾村。他的父亲是一名下层武士，开设武馆，以传授剑术为生，从小灌输他“要做英雄”“死于枕席之上，是男儿莫大的耻辱”，因参与西乡之乱而亡的他的大哥被视为家中的英雄。14岁时，他入读启蒙思想家德富苏峰创办的大江义塾。德富试图用新型的教育方法塑造这些少年，他倡导自由民权，学生不许叫他先生，而要直呼他的名字。学生们没有来自校方的指令，要制定自我管理的规范。学风则鼓励辩论，尤其是运用西方知识的辩论。于是“人人以辩士自居……其口中常征引罗伯斯庇尔、丹顿、华盛顿、克伦威尔”。

不过，他却感到不满足，内心有一种志向无法实现的惆怅与虚空之感。这志向是什么？他也无法言明。他的出生年份，注定他只能生活在维新英雄们拖长的阴影之下，日本最富戏剧性的年代已然过去，他必须寻找别的方式建功立业。

他前往东京，意外地成为了基督徒。更重要的是，他的二哥给他带来一个崭新的理念，他们应协助古老、衰败的中国变革，若中国可以兴起，它可能也会促进印度、暹罗、安南、菲律宾乃至埃及复兴……在这个恢宏的计划中，他们正找到自己的安身立命所在——既实现了那种高度理想主义的武术精神，帮助弱小者，实现更大的正义；又有足够辽阔的舞台，整个亚洲都是一家。

对宫崎滔天而言，中国变成了一个既充满诱惑，同时与生命息息相关的具体的对象，同时又是不知如何下手的抽象之物。他试图学中文、潜入中国考察，不过，他和有类似抱负的同志都深信：“中国之事只在于人。如果有一位人杰奋起，则天下事一朝可定”，这个人须是“通晓西洋学问的汉高祖”式的人物。

最终，他找到了孙中山，把自己的生命与志业投射于这个比自己年长5岁的广东人身上，他们也都是虔诚的基督徒。他们四处串联、募集资金、发展同志、购买军火、发动起义……

《三十三年之梦》出版于1902年的东京。那时正是宫崎滔天人生的低谷时刻。他所支持的孙中山正在收获一连串失败，而他自己则被迫做起“行吟歌手”以谋生。他的人生就像是一场失败、苦涩的落花梦，理想幻灭，唯有靠酒精、女人抒发困闷。谁也未料到，不过10年后，孙中山就成为了“亚洲第一个共和国”大总统，尽管是临时的，而且任期短暂，但仍证明这漫长的努力不仅没有白费，而且迎来了辉煌的一刻。宫崎滔天从未试图从这辉煌中获取什么具体的回报，直到1922年去世前，他始终过着拮据的生活。他继续卷入中国内部的纷争，不过再也未能看到昔日理想的实现——一个亚洲共同体的兴起。

阅读《三十三年之梦》，充满了某种特别的快感。借由其他历史研究，你自然可以知道泛亚洲主义在明治时代的兴起与作用，孙中山的国际网络对于革命之重要……但似乎只有这本书，让我一窥那个时代的内心世界。是什么驱动这些革命者的自我牺牲，在一个又一个挫折中，他们怎么自我慰藉，鼓起新的勇气？

我越来越感到，驱动历史的是情感力量，而非思想。促使人们做出选择的、开始行动的，都是那种内心无法压抑的火焰，或仅仅是对现实生活的厌恶……

沉默的记忆

娜杰日达·曼德尔施塔姆曾相信苏联帝国将持续1000年。不过，她仍写下了两卷，超过1500页的回忆录。这其中有关于她死于古拉格的丈夫，或许是20世纪最伟大的诗人奥西普·曼德尔施塔姆的回忆，也有对自己日常生活挣扎的记录。

既然1000年都无法让人读到，回忆与书写就变成了一种自我治疗，她可以用此来回避与对抗这压抑、残酷、粗糙的现实，确认自身的存在。

谈起苏联时代的生活，娜杰日达·曼德尔施塔姆、索尔仁尼琴、萨哈罗夫、布罗茨基总是最先跳出的名字。他们象征了最值得赞叹的人类精神——即使你身处最可怕的环境，仍能诚实地面对自身的经验，坚持内心价值。

但在奥兰多·费吉斯（Orlando Figes）的《耳语者》（*The Whisperers*）中，你读到的是另一幅景象。在书的导言中，这位英国历史学家引用到安东尼娜·戈罗温娜的故事——她不是选择记住，而是主动埋葬了自己的过去。作为一个“富农”之女，她在亲人的死亡、饥饿、流放中度过童年。18岁时，她做出了一个大胆决定，她隐瞒了自己的出身，伪造了文件，成功地进入了一所医学院。在接下来的40多年里，她进入一所研究所，加入布尔什维克（尽管这个政党让她家破人亡），积极地工作与生活，谁也看不出她的过去，不仅同事与朋友不了解她的过去，甚至两任丈夫也都一无所知。

大约5年前的冬日，我几乎同时读到娜杰日达·曼德尔施塔姆《希望对抗希望》与这本《耳语者》。那时，我正着迷于苏联与纳粹德国历史，尤其是社会心理史。我很好奇，在一个黑白颠倒的时代，人们该怎样度过这漫漫长夜。在剑桥的书店里，德国与俄国题材的书籍常占据着显著的位置，似乎代表着这个热衷于经验与常识的国家对这两个常陷入“非理性”的民族的特别兴趣。而对我来说，这些“非理性”不仅是出于兴趣，也是对我自身困惑的回应。

倘若曼德尔施塔姆夫人令我深刻感到爱与勇气，安东尼娜·戈罗温娜的遭遇似乎更让我接近历史的普遍经验。在《耳语者》中，有很多这样的例证。在俄国的著名人权组织Memorial的协助下，奥兰多·费吉斯收集到数百份家庭档案，它们既包括信件、日记、回忆录，也有照片、实物，作者还对经历者进行了大量采访。它们构造出了一个惊心动魄的道德与心理故事，它可能比任何理论都更好地解释了极权主义的运转，与人们面对悲剧时的活下去的欲望。

奥兰多·费吉斯将焦点集中于斯大林时代，它既是一个全面控制时代的开端，也是它的高潮时刻。通过这许多的个人故事，我们可以看到这台庞大的苏维埃机器，如何一步步地改造社会、家庭、个人，让人们抛弃所有熟悉的思维与习惯，让原本的多元丰富变得单一匮乏。

在一开始，苏维埃信仰是充满诱惑的，它有宗教式的魅力。人们投身其中，感觉到一种逃避自身困境，加入更大历史力量中的解放。但不久后，这个新宗教不仅准备引领你的灵魂，还准备摧毁你的任何其他选择，除去跟随它，你毫无选择。

家庭不再重要了，苏维埃比父母更重要，为了苏维埃，你还可以随时背叛父母。贵族的遗产，资产阶级的商铺，农民的土地，艺术家的自由创作，都不再属于个人，它们都被收归国有。国家给你提供一切，从公共宿舍、集体农庄到文化生活。倘若你试图抵制，等待你的是巨大的暴力机器。在斯大林的指挥下，这个机器不仅碾平哪怕最轻微的不服从者，也同样令自己身边的革命者葬身。

接下来，苏维埃最初的理想色彩逐渐褪却，取而代之的是一套由秘密警察、庞大官僚系统维持的系统。它也对个人做出了少许让步，允许你维持一些个人的生活方式，比如家庭习惯与消费口味，但苏维埃随时有权力干预你的生活。1936年的一期党报《女工》这样写道：“党不干预共产党人的日常琐事，也不为之建立标准，它并不要求每一位党员在生活中遵守一定的行为规则，只要求他们在私人生活中的所作所为，以党和工人阶级的利益为重。”

这种矛盾最终导致了一个极度虚伪社会的诞生。它在苏联的晚期，尤其是勃列日涅夫时代达到了顶峰。理想早已破碎，恐惧减弱却仍旧普遍存在，人们就躲入私人生活的享受主义中，这样的社会私欲高涨，犬儒盛行。

不过，你实在不能指责这些普通人。面对如此的恐惧记忆与现实的压迫，倘若你要继续生存下去，就必须学会自我调整。倘若极权主义是建立于个人意义消失之上的，普通个体就要主动忘记构成个人意义的来源——你的家庭传统、你的独立思考、你对未来的想象，你就必须压制这一切。唯有让自己符合党的规定，才可能是安全的。但党的路线也是随时变化的：斯大林与列宁不同，赫鲁晓夫又否定了斯大林，倘若你要在这剧烈的转变中既保持安全，又避免精神分裂，你就必须既谨慎——严格压制自己的真实想法、紧跟路线，又迟钝——让内心的道德、不安的声音彻底沉睡。当时的流行说法是“知道得越少，活得越明白”。

但没人能保持绝对的沉默，于是在这样的系统中，每个人都成为了“耳语者”。你或者对自己最信任的人悄悄地说出自己的感受，还有人成为了告密者，他们成了某种秘密警察。他们变成了特殊的“苏维埃人”，一种因极权统治而被彻底扭曲的人群。他们既恐惧政治权力，又对它无比崇拜。

奥兰多·费吉斯用很多生动的例证来展示这种转变的挣扎。当然，这故事不仅有挣扎，更有主动的合作。主动成为一名合作者与加害者，意味着你更安全，减少了死亡、被羞辱的概率。

幸好曼德尔施塔姆夫人的预言不准确，这个政权在她死后不到10年就坍塌了，但很可惜，她没有看到这一天。她的回忆录与索尔仁尼琴的《古拉格群岛》最终都获得出版，他们是英雄。但同时，一股记忆浪潮也泛起，斯大林时代的暴行被不断揭露出来，普通人也开始起身控诉——记忆可以被一时压制，却不会彻底消失。在很大程度上，这股集体记忆转化成巨大的历史力量，集体回忆造就出一个共同体，缓解了个体的恐惧，它也使苏联的合法性彻底消失。历史学家米哈伊·格夫特说得没错，斯大林制度的真正力量和持久遗产，不在于国家结构，也不是领袖崇拜，而是“潜入我们内心的斯大林主义”。

但这记忆也注定是偏狭与肤浅的。它仅仅演变成一桩黑白分明的道德剧，其中更细微与深层的描述与分析尚未展开。

感谢奥兰多·费吉斯的努力，他以一个旁观者的角度重新叙述了这个故事。所有对极权社会有所了解的人都会知道，这会是个多么艰难的过程。在这样的社会，尽管人们遭遇了巨大的痛苦与折磨，亲历者却普遍失去了感受能力、描述能力，他们不知道怎样表达自己的体验。

奥兰多·费吉斯很可能是当今俄国历史研究的首席权威（至少在英语世界），将近20年来，他对俄国的近代历史做出了各种探究。与冷战时代的苏联学家不同，他的兴趣不在于外交、政治结构，而在于文化、社会心理、个人情感。也正因此，他可能比任何人都更准确地抓住了极权主义的本质——它首先是一个道德与价值的体制，它以崇高的价值与道德诱惑人，而靠使人丧失价值与道德来维系它的存在。也因此，它的后遗症尤其严重，需要更长时间与努力来修复。普京的再度上台、他的强硬姿态，再度证明“潜入内心的斯大林主义”并未消失，它偶尔还有局部复活的冲动。

焦虑的联盟

一

在生命的最后几年，盖尔森·布莱希罗德再度被这桩丑闻困扰。

一切源于一桩从未被正式确认的偷情行为。1868年，一位名叫朵萝提·科洛纳的柏林女人声称，因为布莱希罗德的存在，她与丈夫离婚了。44岁的布莱希罗德是普鲁士最富有、知名的商人之一，作为俾斯麦的私人银行家，他还有着一般商人难以企及的特权，尽管他是个犹太人。

这桩丑闻很快被压制下去。柏林的警察系统介入其中，布莱希罗德也付出了一笔赔偿，安排这个女人离开德国。在这短暂的插曲后，布莱希罗德的财富、声名、权势即将因与俾斯麦的特殊关系，迎来戏剧性的提升。

这个女人并未消失。几年后，她重回柏林，开始持续不断地骚扰布莱希罗德，威胁公开丑闻，不停地索要金钱。柏林的警察、司法系统也拿这个女人没有特别的办法。更糟的是，一名人品低劣的前警察施魏林加入了这个女人的队伍，与她联手敲诈这位银行家。他们的无耻与勇敢背后，是一股越来越强烈的反犹风潮。

在欧洲，对犹太人的歧视由来已久，即使在19世纪中叶出现了一个“解放”潮流，但犹太人从未被真正平等对待。1873年的经济危机爆发后，富有的犹太人再度成为标靶，似乎是他们的贪婪、投机造就了萧条。再接下来，这个女人沉默了，施魏林继续指控，并迎来了新的同盟，一名反犹太领袖。这桩私人丑闻有了更为明确的时代意义，在1891年出版的一本小册子里，布莱希罗德被描绘得不仅榨干了德国经济，还代表着“纵欲、做伪证、腐败的故事”。两年后，他们又在另一个小册子中写道：“德国人已经如此接受一个腐化千年的外来种族，他们以钱袋为上帝，以欺诈为信仰。德国人，团结起来，为德国的法律体系而战，否则你们将再无出头之日。”

这种赤裸裸的攻击也与俾斯麦在1890年的下台相关。即使在位时，宰相都未必愿意为他的犹太朋友提供保护，更何况失去了权力。布莱希罗德最终在这一片中伤、声讨之声中离世。在逝世前的相当长一段时间，他饱受私人生活之痛楚。除去这起如影随形的丑闻，自19世纪70年代末，他已完全失明，需要挽着助手的手匆匆赴约。他的财富与荣耀每增加一分，公众的愤怒与反感就多一分。更何况，他努力效忠的对象，不管是俾斯麦还是皇室、权贵，从未对他表现出真心的尊重。他们需要他的金钱，借重他对商业变迁的判断，甚至给予他勋章、赞扬，却从未真的把他视作自己人。

他在一片诅咒中死去。死前，他仍一直扮演着他的公众角色，继续与贵族们、内阁部长会面，商讨德国经济，以及他们的个人财务。

对我来说，再没有这个庸常的通奸插曲更能表现这个犹太银行家的个人困境与它背后的时代氛围了。他一定是个倍感孤独、压抑之人，才会因某次突然的冲动而与一个莫名其妙的女人发生了关系。而且据说，这个女人“完全不具备美貌、美丽和地位”，根据她的言行，显然颇有精神问题。可以想象，布莱希罗德一定对此羞愧又懊恼。接着，他的犹太身份、他的金钱，更重要的时代情绪，使这个偶然的错误演变成摧残他终生的伤口。

那是个焦虑的德国，迅速扩张的工业与金融力量，既象征了这个国家的力量，也催生了不满，那些被发展抛弃的普通人心生怨言；那也是一个新闻业爆发的德国，各种报纸、小册子需要各种能引诱公众想象力的题材，犹太银行家的阴谋最符合它；它还是一个时刻处于性焦虑的时代，弗洛伊德之前的人们尚不知如何正视自己的欲望，这种压抑滋生丑闻，更滋生人们对丑闻的热爱……

这一切也与布莱希罗德的保护人俾斯麦有关。这个19世纪最令人赞叹的政治强人既造就了一个统一的、咄咄逼人的德国，也给新生的德国人带来一段不快乐的时光。他对自由有着天然的不信任，更没有兴趣建立一个能保护基本个人权利的制度。他对权力的绝对崇拜、他那强硬的个人作风，都让整个社会陷入持续性的紧张感。长期积郁的紧张，增加了偏狭与愤怒。而布莱希罗德将成为这种种复杂的、纠缠在一起的力量的某种替罪羊。

二

在我的书架上，这本《金与铁》（*Gold and Iron*）已经放了7年。忘记了是在查令街上的哪家二手书店，我无意中发现了它。那时，我迷恋大书，就是那种动辄上千页，体积与内容都令人望而生畏的著作，这一本无疑如此。它肃穆地插在历史区上，封面已丢失，但黑色硬皮的包装、书脊上烫金的“金与铁”的标题发出特别的诱惑。我把它端在手中，既感到重量，也看到它的副标题“俾斯麦、布莱希罗德与德意志帝国的建立”。尽管甚至念不出布莱希罗德的发音，更不知道他是谁，但我笃信这一定是本气势恢宏的著作。我也喜欢“金与铁”这个漂亮的标题。“当前的重大问题不是靠演说和多数派决议所能决定的，而是靠铁与血”，我记得俾斯麦斩钉截铁式的判断。把“铁与血”替换成“金与铁”又有何种意味？

这位叫布莱希罗德的犹太银行家与他的庇护人俾斯麦的交织关系，构成了这本双重传记，在他们背后，是德意志帝国的轰然崛起。

7年来，我常鼓起勇气翻开它，但随即又放了回去。我对于犹太人话题缺乏兴趣。它或许在欧洲历史中占据着中心性的位置，我却缺乏这种与宗教、文化相关的敏感性。我对俾斯麦与德意志的兴起充满兴趣，却又常被当时复杂的政治关系困扰：普鲁士与其他公国之间的关系，统一后的德国与欧洲列国的纷争，一个俾斯麦的“铁与血”的神话无法涵盖这种复杂。

不过，它的作者弗里茨·斯特恩却从此进入我的视野。出生于1926年的斯特恩，是20世纪最重要的历史学家之一，或许也是我最钟情的一种类型。他用典雅、雄辩的语调写作，同时穿梭于历史研究与现实政治之中。

他还有一个或许过分多姿多彩的人生。他出身于一个杰出的德国犹太家庭，侥幸逃脱了希特勒的统治。在美国，爱因斯坦曾劝他学习物理学，他却选择了历史。他赶上了哥伦比亚大学的黄金时代，他的年轻导师中有文学批评家特里林，告诉他欧洲知识分子的悲观意识；他的论文指导者，则是文艺复兴式的人文学者巴赞；在宿舍里，与他进行过争辩的同龄人则有艾伦·金斯堡；当他留校任教后，又与天才历史学家理查德·霍夫斯塔德成了同事，后者对于政治、社会心理的洞察深刻影响了他的历史观。

当他在英语世界奠定声誉后，又重回德国。他与施密特总理纵论20世纪，又成为柏林墙倒塌后的美国驻柏林大使的顾问，参与重建德国的商讨。在20世纪的最后一年，他成为了声誉卓著的德国和平书业奖得主。尽管一些人批评他的虚荣、他对于名利世界的迷恋，但没人否认，他对于人们重新理解德国做出了巨大贡献。

我读了他的一本专著《文化绝望的政治学》、一本文集《爱因斯坦的世界》，很是被他理解历史的新颖角度所吸引。他曾说，因为希特勒在20世纪历史与他个人经历中的绝对性主宰，他把一生精力都用于理解第三帝国如何兴起、它的历史根源何在。他也试图在19世纪的政治、社会心理中寻找这场灾难的源头。他相信，希特勒的第三帝国与俾斯麦的德国间，存在着强烈的连续性。德国的政治文化、大众心理，为理解德国问题提供了有力的分析。

我也知道，在他的著作序列中，出版于1977年的《金与铁》是最重要、规模最惊人，或许也是最能表现他的历史哲学的一部。在它的中文版即将出版前，我知道自己终于要阅读这本书了。

三

1858年，布莱希罗德结识了俾斯麦。他们来自两个截然不同的世界。一个是古老的容克家族，以贵族头衔、占有土地为荣；另一个则是犹太银行家，他们被歧视的身份已持续了几百年，但他们又因为专门打理金钱而富有。

罗斯柴尔德家族促成了这次会面。当俾斯麦需要一位值得信赖的私人银行家时，36岁的布莱希罗德获得了这个机会，他刚执掌父亲创办的私人银行不久，这家银行也一直以无比恭敬的态度追随着罗斯柴尔德家族。43岁的俾斯麦是普鲁士官僚系统中的新兴一员，他即将出使圣彼得堡。像当时很多类似的案例一样，他们最初的关系再简单不过：俾斯麦需要有人打理他的金钱，后者需要这样的客户以提高自己的社会地位。

历史潮流很快将他们推向了一个崭新的阶段，他们的合作随即演化为一个更复杂的故事。先是1866年，长期政治失意的俾斯麦陡然间成为了新帝国的缔造者，普鲁士统一了四分五裂的德意志。接着在1871年，它击败了法国，跃升为欧洲大陆绝对的新强权。而作为帝国第一任首相的俾斯麦，则成了神话式的人物。他的铁腕、精明、威慑力，在欧洲政治舞台中占据了中心性角色，更以强烈的个人风格重塑了国内政治。

布莱希罗德的地位随着俾斯麦迅速提升。在这两次并无把握的战争中，他都是俾斯麦最热烈、忠诚的支持者，主动为此筹措资金。他也获得了对应的回报，不仅与俾斯麦更为密切，还觐见了新皇帝与皇储，参与了诸多决策。他在49岁成了德国最知名的私人银行家、唯一受颁铁十字勋章的犹太人，接着，又获得了贵族册封，名字中可以加入“冯”，这是他梦寐以求的承认。他还受惠于铁路、钢铁、海外贸易造就的新一轮经济增长，他在其中获得了巨额财富，这些又给他增加了新的虚荣与影响力。

他甚至跨入了欧洲最显赫人物的行列，被称作“柏林的罗斯柴尔德”。英国首相迪斯累里把他描述成“俾斯麦的密友”，唯一敢向俾斯麦说真话的人。外交团体都讨好他，他最终还出任了英国柏林总领事这样的荣誉职位，为此，他还推掉了成为奥匈帝国总领事的头衔。而他的家则成为德国社交生活的中心，一位社交名媛回忆：“几乎柏林的所有贵族和政府要员都会前往……整张宴会桌上摆满了精品中的精品。人们使用银质餐具，面前摆放着最奢华的东西。然后（小提琴家）巴勃罗·德·萨拉萨特、（宫廷钢琴家）艾西波夫开始表演，随后是舞会。”

他不仅追求这表面的虚荣，还参与新帝国之冒险。像同代中最杰出的欧洲银行家一样，他把目光投向海外，不管是滞后的俄国、陷于衰落的奥斯曼帝国，还是保加利亚、塞尔维亚等新国家，甚至非洲，它们因为缺乏完善的金融体系而需要这些外国资本。布莱希罗德借债给土耳其政府，试图修建连接土耳其与奥匈帝国的铁路，投资墨西哥债券。他还试图进入中国，在一群德国银行家中建立“中国研究组”。但他们总体上是保守的，放弃了这项投资，因为“激烈的外国竞争（特别是美国），因为中国业务总体上不够安全和可靠”。

这迅速拓展的新世界、获得的新经验，也增加了他的个人影响力。俾斯麦给他庇护，他也拓展了俾斯麦对于这个时代的理解。俾斯麦经常依赖于他的情报，银行家的外交消息反而常比大使更快，“早八天”；而且，俾斯麦也学会了通过银行家的眼光来理解世界，一个金钱、技术、贸易构成的新世界，一个不同于容克的世界。俾斯麦对金钱的迷恋，他的精明与锱铢必较，甚至让布莱希罗德吃惊。

他们的内在冲突也一直存在，这是旧精英与新富豪之间矛盾的象征。他们从来是不平等的关系，即使在最受宠的时代，布莱希罗德也只是从俾斯麦家后门进入。权贵们在金钱上求助于他，却从不会真正尊重他。在他举办的著名宴会上，俾斯麦从不出席，即使名流们云集，也很少出现德国军官的身影——他们才是“精英中的精英”。那位盛赞过他的宴会的名媛，不忘记录说，宴会奢华却“有欠素养”，参与者都“事后表示后悔”。

这种不平等既显示了犹太群体强烈的身份焦虑，也显示了容克掌权者们对一个正在兴起的由金钱、工业、高度流动性构成的世界的焦虑。俾斯麦也知道，自己的权力既非神赐，更非来自民众的支持，全赖于皇帝的给予，倘若皇帝变了心情，他立刻失去一切。布莱希罗德更深知，自己对于俾斯麦的依附性。

还好，他们都有独特的性格特征来弥合这种紧张。俾斯麦用他的傲慢、权力控制欲来维持这种自我中心，布莱希罗德则是借助迟钝——“对许多轻视不敏感，满心以为他的财富、地位和智慧足以抵挡来自下层的攻击”。在某种意义上，他们是两个焦虑者的同盟。

同盟终有终结一日。1890年是他们的转折之年。在一个咄咄逼人的年轻皇帝面前，俾斯麦轻易地丢掉了权力，陷入一种可怕的孤立。他退隐到自己的家乡。而布莱希罗德庞大的金钱更为脆弱，他无力面对时代的敌意。

死亡更是使这场同盟脆弱、凉薄。当布莱希罗德去世时，他在短期内激起了一片的哀悼与赞扬，葬礼的盛大程度堪称国葬。一贯刻薄的新闻界也做出了这样的措辞：“德国最慷慨的人之一，最崇高的慈善家……（德国金融界）失去了最杰出的代表。”但随即，他被迅速遗忘。这遗忘与金钱相关：与罗斯柴尔德、甚至瓦伯格家族不同，布莱希罗德家族的金钱未能持续太久。这遗忘更与德国政治与社会上的迅速变迁有关。犹太人从俾斯麦时代进入了希特勒时代，从一个身份焦虑时代进入一个被清除的时代。

这种刻意遗忘更与俾斯麦相关。在他生前出版的气势恢宏、事无巨细的两卷个人回忆录中，他甚至没有提到布莱希罗德的名字，而死后出版的最后一卷中，只提及了一次——尽管后者长期为他打理个人财务，为他的外交政策、战争寻找财政支持。布莱希罗德不仅与俾斯麦，还与他的家人，以及当时欧洲的主要权贵都有大量的书信往来。俾斯麦的刻意忽略，也影响了日后的历史学家。

当弗里茨·斯特恩在20世纪60年代发现了关于布莱希罗德的海量的个人通信与档案时，这个犹太银行家已基本被遗忘。与之相对的是，至少有7000本关于俾斯麦的传记、研究作品被出版。这些档案不仅记录了他与俾斯麦的关系，也记录了他与俾斯麦家人，与德国皇帝、英国外交官、巴黎的罗斯柴尔德家族的关系，几乎构成了当时欧洲最显赫的关系网络。利用这些信件，斯特恩试图用一个视角来重新理解19世纪的德国历史。在对于19世纪德国的主流叙述中，占据一切的是俾斯麦的个人风格、皇帝的选择、强大的官僚与军事系统，一部纯粹的政治、外交史。尽管身为那个时代最重要的银行家，深刻卷入了俾斯麦的个人世界与德国公共生活的布莱希罗德，却很少被提及。他的犹太人身份，他代表的金钱力量，不仅是理解第二帝国的重要维度，还为理解希特勒的第三帝国的兴起提供了新视角。

在斯特恩笔下，德国人对于布莱希罗德的刻意忽略与沉默，或许正暗示了历史的趋势。即使身为那个时代最有权势的犹太人，布莱希罗德也从未摆脱传统和德国社会非理性思潮的压力。犹太人所取得的任何成功，都没有得到任何制度意义上的保护，必须依赖于掌权者与社会情绪的状况。巨大的金钱只是暂时遮蔽了他的身份困境，却从未解决这种困境。但历史证明，傲慢的权力本身也是脆弱的。俾斯麦被威廉二世羞辱，嚣张一时的威廉二世也最终因为战争失败，沦入流放生涯，只能在回忆录中继续诋毁俾斯麦。在某种意义上，他们都是一种非自由文化的受害者。这种非自由化，不会尊重个体价值，难以理解自由之意义，它崇拜权力、渴望强人，最终所有人都沦为牺牲品。

这是一次大开眼界也疲倦不堪的阅读。除去这位天赋异禀人物的故事，这本书所展现的时代画卷——他对于柏林的兴起、时代氛围、帝国的殖民经验的种种描述，都让你感到畅快。它印证了我7年前对它的盲目敬畏，它的确是一本big book。

作为方法的日本

一

“在黄子成书十年，久谦让不流通，令中国人寡知日本，不鉴不备，不患不悚，以至今日也”，在为黄遵宪的《日本国志》撰写的后序中，梁启超这样感慨。

这是1897年年末，距离中日甲午战争结束不过两年。在这场战争中，中国意外地大败于日本，签署了屈辱的《马关条约》——割让了台湾，并付出了两亿两白银的赔款。这场战争最终将中国从昏睡中叫醒，它不仅不再是世界的中心，还可能有亡国之危险。此前，不管是1840年的中英之战争，还是英法联军在1860年烧了圆明园，或是1883～1885年的中法之战，都未给中国带来震撼。对很多士大夫来说，它们都是来自远方蛮夷的挑战。但这次不同，日本常年被视作中国的附属国，即使它不从属于朝鲜、越南、缅甸这个序列，也相差不远——它被轻蔑地视作“倭国”。日本的胜利还撕去了神秘中国的最后面纱——在它的傲慢与辽阔背后，是无能与虚弱。

戏剧性的是，在短暂的敌意之后，日本成为被羡慕与模仿的对象。1887年写就的《日本国志》长期无人问津，此刻突然受到欢迎，几个书局重印了它，甚至光绪皇帝也成了它的读者。人们相信这本书蕴含了日本富强之秘密。另一位维新者康有为干脆劝光绪追随明治天皇，像后者再造日本一样再造中国。当日本卸任首相伊藤博文访华时，维新者向他寻求变革中国之建议，一些人甚至期待他担任客卿，直接指导一切。

百日维新失败了，日本模式的吸引力却并未减弱。1898～1911年，至少有25000名中国学生前往日本留学，被形容成“历史上第一次以现代化为定向的，真正大规模的知识分子的移民潮”。未来中国的领袖们——从军事家蔡锷、蒋介石到文学人物鲁迅、陈独秀——都是其中一员。流亡中的梁启超，将横滨变作他的知识生产中心，他在这里编辑的报刊被偷运回国内，塑造了一代中国知识人的思维；在国内，清政府参照日本改革了警察与监狱系统，维新派官员甚至准备推行日本式的君主立宪制。

在这高昂的热忱背后，中国人又对日本有多少了解？令梁启超备感叹服的《日本国志》真的能给予中国变法以参照吗？驻北京的日本公使矢野文雄不无讥笑地说，倘若根据《日本国志》来理解日本，就像是以明史记载来理解今日中国的时局。敏锐的观察者如黄遵宪，也很难洞悉日本的变化速度有多快。而以国师自居的康有为在《日本变政考》中，向光绪描述的明治维新是出于自己的臆想，还得出这样的荒唐逻辑——倘若日本用30年可以变法成功，以中国这样大得多的规模，3年就可以了。

对一个世纪前的中国维新者来说，日本令人着迷，既因它突然获得富强的能力，也因为它可能导向某种速成之路。在20世纪初的东京，到处是为中国学生所设的速成学校，从语言、法律到军事、政治，这些青年人想用几个月，最多几年来掌握一切。他们以同文同种的眼光来看待日本，倘若日本能迅速掌握西方的秘诀，他们也同样能迅速掌握日本的秘诀。

当邓小平在1978年访问日本时，很少有人记得黄遵宪与康有为的插曲了。在中国的革命史叙事中，他们是可以被忽略的改良人物。但革命家邓小平发出了相似的感慨，他在参观新干线时感慨："快，真快！就像后边有鞭子赶着似的！这就是现在我们需要的速度。"他还说："这次访日，我明白什么叫现代化了。"这也是令人心酸的感慨，邓小平与20世纪初的维新者一样，他们在东京看到了一个新世界。

日本再一次成为速成教材。就像明治日本被视作富强之表率一样，战后日本则被看作一个纯粹的经济故事。这个日本故事没有持续多久，就因股市与地产的崩溃而结束。中国经济的崛起似乎彻底终结了日本作为榜样的时代。21世纪到来了，东京的商场、旅店与公园里挤满了来自中国的游客，《读卖新闻》、NHK上充斥着关于中国经济实力的报道。

长崎的港湾

中国媒体不断重复着日本“失落的二十年”论调。日本变成了某种反面教材，评论家们提醒中国不要重复它的经济泡沫与萎靡不振。

但中国游客很快就发现，尽管中国经济规模庞大，他们还是想在银座买下一个马桶盖，去逛京都的寺庙，感慨日本乡村之整洁、人民之礼貌，追着村上春树的小说与日剧《深夜食堂》。一些时候，21世纪富有的中国游客的感受竟与一个世纪前的留学生不无相似，“日本政治之善，学校之备，风俗之美，人心之一”给他们留下深刻印象。

与此同时，我们对日本的理解欠缺且滞后。中国知识分子们谈论此刻日本时仍常引用《菊与刀》与《日本论》。前者是20世纪40年代美国人类学家的著作，后者则来自民国时的戴季陶。日本社会内在的复杂性很少进入我们的视野。它要么是被高度意识形态化的敌人，要么是一个值得模仿的邻国。至于日本到底是什么?我们仍缺乏兴趣。

二

在翻阅伊恩·布鲁玛的《创造日本》时，让我深感兴趣的是近代日本的矛盾性。它对西方的妒羡交织之情，它内部威权传统与自由文化的交战——这两股不同的力量驱动了日本迅速崛起，也将它引向灾难。

这是一本紧凑却雄心勃勃的著作。在不到200页的容量里，作者对近代日本进行俯瞰式的描述。他以1853年的黑船来袭作为现代日本的开端，传统的日本秩序开始瓦解，西方既是屈辱又是力量的来源。1964年东京奥运会则是全书结尾——作为主办国的日本特意设立了一项无差别组的柔道比赛，但当自己的传奇选手神永昭夫意外地输给荷兰选手后，他们接受了失败，将掌声给予了胜利者。

“过分自信、狂热心理、深深的自卑感，以及时而执念于民族地位的想法——所有这些因素对日本现代史都产生过影响，但相较于其他品质，有一种最令人受用：那就是虽败犹荣时的那份优雅”，布鲁玛写道，他相信这标志着现代日本转型之完成，它对世人展现了一种更成熟的姿态。

倘若近代中国知识分子着迷于日本所代表的富强秘密，伊恩·布鲁玛则钟情于日本历史的连续性与复杂性，以及在这样一个国家建立现代政治制度、自由文化之艰难。

很少有人比他更有资格来描述近代日本故事。他在亚洲、欧洲与美洲都有着广泛游历，敏感于东西方文明间的冲突与融合。出生于荷兰这一背景或许还增加了这种理解力。在很长一段时间里，荷兰是日本窥望外部世界的主要通道，“兰学”也是想获得新知的日本学者的唯一选择。他也属于在20世纪80年代成熟起来的文化批评家，确信个人自由，常以怀疑的姿态看待各种“文化特殊论”。

在这本小书中，中国知识分子可以读到他们熟悉的命题。同样面对西方之冲击，为何日本成功，中国却失败了？在作者看来，日本文化之边缘性起到了重要作用，它不是中国式自我中心的庞然大物，日本思想家可以轻易把目光从中国转向西方，展开一场新的学习。日本也从不是集权的社会，并存的天皇与幕府给予维新者更大的回旋空间。

但更重要的段落却留给了中国知识分子无暇顾及或刻意忽略的东

西——富强背后蕴含的黑暗。明治维新在军事、工业上取得巨大成功的同时，日本从未进行完整的现代政治改革。日本尽管制定了宪法，“但立国基础不仰赖政治权利，取决于对天皇制度的宗教崇拜以及通过国家神道灌输的日本起源论”。

这个政治制度也要为日后之失败负责。天皇是名义上的负责人，却不参加具体之决策，也不需为此承担责任。正是这种缺乏明确的问责制将日本拖入了“二战”，就像一位高级官员的回忆：“海军打心底里认为与美国开战必败无疑，只是不愿公开表态。陆军未必真想打仗，又极力反对从中国撤军。外相坚定地认为，不答应从中国撤军，与中国的交涉断无希望成功。”没人真心支持战争，同样没人愿意公开表态反对，一套自上而下都不负责的气氛最终将日本拖入灾难。

一种对应的自由文化从未建立起来，对西方之焦灼感与威权文化的影响都让日本步履维艰。从一开始，“文明开化”运动也蕴含着两面性，它追求现代的自由、平等理念，又着迷于对外扩张，整个国家被强烈的社会达尔文主义支配着。作为明治时代最重要的思想家，福泽谕吉以倡导西方文明著称，竭力推动日本获得平等地位，当听到战胜中国的消息时，他兴奋地跳起来。即使在更为开放的大正年代，日本社会也始终伴随着个人主义带来的紧张感，投入天皇的“圣战”反而让人感到放松。

伊恩·布鲁玛明显地善于处理一个更开放、自由的日本，其中一些细节尤其妙趣横生。“日本人竭力模仿欧洲人的一颦一笑，男宾们抽着哈瓦那雪茄，玩惠斯特牌；其他人则小口小口品着宴会桌上堆积如山的松露、果酱和冰激凌雪葩”，他这样描述明治人物对西方之仿效。他对于大正时代的银座则写道：“小伙子留着长发，戴着‘劳埃德’式眼镜，穿着喇叭裤和花衬衫，扎着松松垮垮的领带。他们和梳着蘑菇头的姑娘徜徉在栽有垂柳的大街上。血气方刚的青年聚在‘牛奶铺’里讨论德国哲学或俄国小说，因此得名‘马克思少男少女’。”

在近代日本，这表面对西方的羡慕与追随，总是让位于嫉恨与对抗。直到美国人的到来，似乎才打破了这种循环。日本终于呈现出东京奥运会的成熟一幕。但日本真的变成了一个正常国家吗?在战后的经济复苏中，昔日的财阀与政治家族很快又占据了主宰。在21世纪开始的东京，不止一个日本人向布鲁玛抱怨，他希望再有黑船来袭，他们觉得只有借助外力才能打破日本之封闭。在这令人悲哀的抱怨背后，也让人不禁想象，倘若麦克·阿瑟将军当年大胆地废除了天皇制，日本将会以何种面目出现?

回到一个多世纪以来的中国历史。倘若中国知识分子能在寻求富强之道时，也能意识到日本模式所蕴含的黑暗力量，近代中国之路或许也会变得不同。这一点对于正在获得富强的中国，尤其富有启发。

历史的暧昧角落

一

大约11年前，在香港的一家书店，我随手捡起一本《传教士与浪荡子》（*The Missionary and the Libertine*），它归属于“亚洲兴趣”（Asian Interest）一栏。

彼时的香港，殖民地的气息正在散去，但仍能轻易感受得到。在湾仔的六国酒店，在银行家穿梭的中环，还有旧中国银行上的“中国俱乐部”，你能感受到那个吉卜林、奥登与大班们眼中的香港。它是西方与东方交融的产物，前者是征服者，后者是承受者，充满了殖民地的异域风情。连Asian Interest这个书分类名称都带有明显的这种痕迹，Asia是欧洲人创造的概念。

这本书是这种视角的延续吗？至少看起来，标题正是如此，封面也是如此，一个裸露双肩的东方女人显露出惊恐的表情。

我也被作者的叙述吸引，个人游记、新闻报道、文学批评、历史叙述、政治分析，毫无缝隙地交融在一起。他不仅捕捉住这稍纵即逝的时代情绪，还给予了这情绪以更大的历史框架。

更重要的是，你可以感受到作者对陈词滥调的逆反，他用追问、质询、嘲讽来对待所有程式化的判断，他既质疑西方眼中的东方主义，也怀疑所谓的“亚洲价值观”。比如对于香港，他显然不同意这是一座纯粹的经济城市，他看到了这座城市更深的渴望：“去发展一个政治身份，进而使得人们必须有连续感，共同分享一个过去，更重要的是，分享一个他们可以为之负责的未来，他们作为独立民族国家的公民，而非帝国主义驱使下的臣民。”

我买下了这本书，记住了作者的名字——伊恩·布鲁玛，一个曾长期在亚洲生活的荷兰人，通晓包括日语与中文在内的6种语言。未曾料到，这本书也随即成为一种隐喻、一个指南，它开始缓慢却有力地塑造我的思考、写作与生活方式。

马尼拉、加尔各答、东京、首尔、台北……我去了他去过的地方，试图像他一样观察、交谈与书写。我也寻找到他的其他作品，从20世纪80年代的《面具背后》（*Behind the Mask*）、《上帝的尘埃》（*God's Dust*），到90年代的《罪行的报应》（*The Wages of Guilt*）、《伏尔泰的椰子》（*Voltaire's Coconuts*），再到《坏分子》（*Bad Elements*）与

《西方主义》（*Occidentalism*），还有那本迷人的小说《中国情人》（*The China Lover*）……

在某种意义上，他与奈保尔、保罗·索鲁、简·莫里斯一样，变成了我过去10年中反复阅读与模仿的对象。他们来自不同区域，年龄、性别不同，所关注的题材也不尽重合，却分享着相似的特质——都因个人身份的焦虑而获得了对外部更敏锐的观察，有了某种局外人才有的洞见，并且都在极度个人视角与庞杂知识世界之间达成了微妙的平衡。

在他们中，布鲁玛或许是游历的地理与涉猎的知识最广的一位，在很多方面，他与16世纪的人文主义者或18世纪的启蒙思想家更相似。他继承了他们对他人的文化与生活的广泛兴趣，除了知识、思想，更有对历史中模糊、暧昧、灰色地带的兴趣。在他的很多作品中，情欲常占据着显著的位置，他也常把目光投向边缘人——这种诚实正是理解、接受以及庆祝人类情感与思想的多样性的基本态度。

但在这多样性中，思想的清晰性与道德的严肃性从未消失。令人印象深刻的，是他在追溯德国与日本的战争罪责与社会记忆的著作《罪行的报应》中的陈述："没有危险的人民，只有危险的情境，它不是自然、历史规律或民族性格的结果，而是政治安排的结果。"

一些时候，1951年出生于荷兰海牙的伊恩·布鲁玛让我想起他的先辈伊拉斯谟。后者在16世纪开创了人文主义传统，倡导一种宽容、多元的价值观，他也是世界主义者的先驱，从不受困于具体的地域、语言与文化。布鲁玛不具这种开创性，却是冷战结束后涌现出的新的全球经验书写浪潮中的重要一员。2008年，他获颁伊拉斯谟奖，被认定是"新世界主义”的代表人物，“将知识与超越距离的担当结合在一起，以反映全世界的社会发展”。

二

2013年出版的《零年：1945》（*Year Zero*：*A History of 1945*），既是布鲁玛一贯风格的延续，也为被不断论述的“二战”胜利带来了新视角，探索了那些常被忽略的角落。在结构上，还从他惯常的松散文集变成了一本更有系统性的专著。

在西方读者熟知的叙事中，1945年是一个充满英雄主义、胜利感的年份——自由世界战胜了法西斯的挑战，是罗斯福、丘吉尔的光辉岁月，战后的世界新秩序由此建立起来。

布鲁玛却描绘了历史的另一些面貌。

他描述女人们——她们是法国的、德国的、日本的——对于到来的盟军士兵的强烈情欲，胜利者不仅意味着正义与力量，更是强烈的性感。而胜利不仅意味着旧秩序的崩溃，更是被压抑欲望的巨大释放。一位法国女小说家伯努瓦特·格鲁曾这样描述她与美国大兵情人的关系：

> 四年的敌占期和守了二十三年的贞操让我胃口大开……我狼吞虎咽地吃下两天前在华盛顿下的鸡蛋，嚼着在芝加哥罐装的午餐肉和四千英里以外成熟收割的玉米……战争可真是好东西。

这些来到欧洲的士兵也像是历史性的隐喻，作为解放力量与历史新动力的美国有不可阻挡的诱惑，格鲁感慨被美国大兵压在身下就像跟整片大陆同床共寝，而你“无法拒绝一片大陆”。

被释放的不仅是情欲，也有饥饿感、报复欲。它们都带来了道德上的混乱。所有人都成为极度自私者，如德国作家波尔所说的：“每个人掌握的只是属于自己的生活，以及任何落到他们手上的东西：煤炭、木头、书籍、建材。所有人都能理直气壮地指责别人偷窃。”

报复行为也随着这种失序到来，那些昔日关押在集中营里的人成了残酷的报复者。报复也常是盲目的，克拉科夫的犹太人即使在德国人的压力下幸存，却又遭遇了本地人新的攻击，而在马来西亚与印度尼西亚，华人而不是入侵者日本人，常成为攻击对象。

让我尤其难忘的是大町的命运。1945年秋天，她是安东市（即今丹东）7万多日本侨民中一员。对这些带着希望与憧憬来到伪满洲国的日本人来说，这是个失败与惶恐的时刻。日本天皇已宣布战败，涌来的苏联红军则让他们忧惧不已——自1905年日俄战争以来，俄国人的残酷印象就根植于日本人心中。为了应对可能发生的大规模的强暴与混乱，日本侨民领袖决定成立一个“卡巴莱舞团”，它以歌舞表演的名义提供妓院式服务。

大町40岁出头，是个昔日的艺伎，她成为这个歌舞团的管理者。她招募一批日本女性，说服她们要为日本献身，牺牲自己来保持更大的群体的安全与尊严。据说，因为秉承“不问政治”的立场，艺伎对于所有客人一视同仁，使得歌舞团驻守的安宁饭店很快成为安东的避风港。

光临的不仅有苏联人，还有日本退伍军官、新来的国民党军官、中共党员、昔日的汉奸……他们在此或寻欢作乐或寻找情报。对这个中朝边界的小城来说，一切都暧昧不明。日本人失败了，接下来的掌权者将是谁，它将给这群日本人带来什么样的命运？

这个例证恰好说明了这本书的迷人之处，它既是历史事实，又引人充分遐想。它探究了历史中的暧昧之地，也显示作者着力要从昔日的欧洲中心论或西方中心论中摆脱出来。

除去中日关系，他也写出印尼的苏加诺对于日本的暧昧态度，日本是入侵者，但也是某种解放者——它至少驱逐了上一个殖民者。同样的故事也发生在缅甸与越南，这些国家年轻的民族主义者都想在这混乱中重获对命运的自主权。1945年是一个高度复杂的图景，很多被压抑的故事值得重新去书写。

三

“这个世界是如何从废墟中站起来的？当数以百万计的人饿着肚子，一心只想报仇雪恨、血债血偿，又会发生什么？人类社会或‘文明’将何去何从？”布鲁玛在序言中写道。

对他来说，1945年代表着父辈的世界，“欧洲福利国家、联合国、美式民主、日本和平主义、欧盟”都是父辈理想的产物。理解1945年，不仅是出于对上一代人的天然兴趣，也是对此刻的回应。战后的世界秩序正在瓦解，而在过去几年中，他“见惯了寄托着推翻独裁者、建立新民主国家这一宏愿的各类革命战争”，他很希望父辈的故事能为此刻提供某种参照，因为“我们都生活在过去长长的阴影中”。

塑造我父母与我的生活的不是1945年结束的“二战”，而是1947年开始的冷战。1945年不是一个胜利时刻，更像是一个通向新的混乱的前奏，是真正胜利的一个必要过渡。

在我成长岁月的历史叙述中，1945年的意义被有意低估，1949年才意味着一种新秩序的形成，被赋予了解放的意义。加入苏联阵营的中国开始了一段崭新的历史轨迹，也创造了一种封闭、特定的历史叙述。在这种意义上，1945年的意义被双重忽略了。因为意识形态的问题，它在中国的历史语境中被忽略；因为中国的自我封闭，中国的角色在全球叙述中被忽略。

如今，重估历史潮流已经开始。在中国国内，一股民族主义的倾向将强化1945年代表的胜利意义；而在国际舞台上，伴随21世纪的中国成为世界舞台的中心性角色，其被忽略的历史作用将被再度挖掘，它不再是1945年旧金山会议上最容易被忽略的五大国之一了。

这意味着伊恩·布鲁玛对中国读者的双重意义，它提醒我们被压抑、被遗忘的历史。同样重要的是，你要学会用更敏感、富有同情的态度理解他人，理解历史中的暧昧含混之处，防止自身滑入新的、僵化的陈词滥调。当中国愈来愈成为21世纪的主要角色时，这种视角变得更加迫切。

帝国的最后低语

年轻时，想钱。要是有一大笔钱，就能把家安在一间老旧而奢华的酒店里。每次夜归，床单都平整如新，熨好的衬衫按照颜色挂在壁柜里，也不用担心无法满足随时都可能饥饿的胃……更迷人的是，在人来人往的厅堂与酒吧，在昏灯、烟雾与酒精之间，一缕余光就可能瞥到，她或者他的失落与期望、镇定与放纵、落寞与诱惑。不为创造时机而存在的偶然是乏味的，你可以幻想怎样短暂地进入彼此的生活，又怎样迅速地逃离。午夜之后，热闹散去，在天花板的缝隙中，在枝形吊灯的阴影下，你会听到过往的亡灵们自顾自地欢笑和叹息，他们渗透到你的生活里，自然得就像往威士忌里加了几滴水。

一定是菲茨杰拉德给了我这般错误的幻象。他用花言巧语、耍赖撒泼的方式从书商那里骗来各种预付的版税，维持他在巴黎里兹饭店的放浪，对，就是《像里兹饭店那样大的钻石》里的那个里兹。换作我，没有泽尔达就更完美了，在那里，很可能会邂逅很多不同的泽尔达，那可是文学与纵乐齐飞的“爵士时代”，一战和二战之间短暂又脆弱的和平时期。无力感知更无法驾驭历史进程的人们，能品尝出滋味的，唯有感官的果实。

遗憾的是，这个梦想到今天也还是梦想，但并不影响我成为这类酒店的热情体验者。是啊，你怎么能拒绝香港的半岛酒店，虽说它久负盛名的下午茶对我而言太腻了，像一只打开后只有蟹黄的闸蟹，但有多少茶客知道，1941年，英国人就是在半岛与日本人签署了投降书；你又怎么能忍住不去仰光的Strand，在酒吧喝上一杯，20世纪上半叶，这里是东南亚最时髦的场所，吧台上曾坐过身为帝国警察的乔治·奥威尔，还有永远沉溺异域风情的毛姆；19世纪殖民时代的豪华酒店还在开业的，已经没有几家了，新加坡的莱佛士还在，它的Long Bar不仅调出了第一杯新加坡司令，接待过康拉德、吉卜林、伊丽莎白·泰勒，还见证过建国者们的争吵。吊扇依然缓慢转动，花生壳落了一地；当然还有开罗那一家，我忘掉了它的名字，它有世上最鲜美的草莓汁，传言关于开采苏伊士运河的决定是在此做出的……它们无一不活在昔日长长的阴影中，不断的衰败增加了它们的魅力，储存了另一种生活，很多的可能性。

这串酒店名单上怎么可以少了伊斯坦布尔的佩拉宫？当佩拉宫饭店在1892年建成时，它不仅是伊斯坦布尔，也是整个奥斯曼帝国最豪华的酒店，是东方式的奢华与西方技术的结合，“餐厅完全是巴洛克风格……顶部有高耸的玻璃天蓬，室内镶嵌着人造大理石，装点着金丝银线细工精致的纱屏”，而且，它的“铸铁框架、木制轿厢”的电梯，是继埃菲尔铁塔之后欧洲第二部。乘坐欧洲国际铁路公司的卧铺车，入住这家新酒店，享受“电梯、卫生间、淋浴、暖气、电灯”等现代化设施，同时有“金角湾壮丽的美景”。佩拉宫饭店立刻就进入了欧洲最奢华游客的首选名单。

但这只是故事的一部分。在这样的时间地点问世的佩拉宫，注定要经历繁华，也要目睹浩劫。600年历史的奥斯曼帝国在漫长的衰退之后，正处于崩溃的前夜，这个在16世纪令欧洲陷入惊恐的帝国，到了19世纪已经被耻笑为“欧洲病夫”。庞大的疆域在不断收缩，反叛和离散的张力在治下的不同的民族中酝酿。更重要的是，在英国、法国、德国这些军事、物质、文化力量面前，它毫无抵抗之力。

稀里糊涂卷入一战的奥斯曼帝国，并没有投机到浴火重生的机会。在战胜的协约国的安排下，苏丹出逃，帝国落幕，领土等待被列强瓜分，国土上包括希腊、亚美尼亚、土耳其、犹太等众多民族的族群，对未来各怀心思……这一切大变革的震荡都从伊斯坦布尔地处暴风眼的佩拉宫穿梭而过。

一个行将崩溃的庞然之物，往往能展示最后也是最绚烂的辉煌。苏丹帝国传统的格栅已然腐朽，拦挡不住任何力量的冲击，新的自由应时而生，也孕育出一代新人。他们勇敢无畏，既是空想家又是行动者，其中最著名的，就是年轻的军官穆斯塔法·凯末尔。他发起了一场民族主义运动，用单一的土耳其声音取代了奥斯曼帝国原有的各种鸣响。

20世纪初的一个显著的特征是各种意识形态试验同时发生。凯末尔的民族主义的努力，只是其中一种。很快，伊斯坦布尔与佩拉宫又被迫卷入另外一场试验。1917年莫斯科宣布共产主义运动开始，大批的白俄罗斯人流亡伊斯坦布尔。他们在陨落的奥斯曼帝国的废墟上，叠加了另一个影子帝国——沙皇帝国。芭蕾舞演员、画家、贵妇、小提琴手，他们被驱赶出新生的红色俄国，在伊斯坦布尔这个多种文明的夹层中，变成了厨师、女招待、夜总会看门人，妓女与乞丐。20世纪20年代的伊斯坦布尔，就像彼时的巴黎、上海或是魏玛一样，混乱、多元，有潦倒也有野心。

当历史学家查尔斯·金在20世纪80年代发现佩拉宫时，它已经不可救药地衰落了。他发现“红色的丝绒座椅大多空着”，当他点了一杯鸡尾酒和不太新鲜的烤鹰嘴豆时，酒保竟然感到意外。这种衰落既是事物不可逃避的命运，也与凯末尔创造的新土耳其有关。他的单一声音或许在短期内更有力量，却逐渐扼杀了之前的多样性。查尔斯·金最终利用旧照片、档案、剪报，还有他的想象力，重构了昔日的佩拉宫与伊斯坦布尔。

在这本以酒店为主角的书中，佩拉宫饭店与它所在的伊斯坦布尔，充满了荒诞不经又引人入胜的片段。就是在这里，土耳其作家纳辛·辛克美在1929年创作了长诗《蒙娜丽莎与乡村蓝调》。在诗中，他安排蒙娜丽莎逃出了卢浮宫，爱上了一名共产党党员，投身于革命，最终被烧死了。纳辛是那个时代的典型角色，将先锋艺术、政治革命、诡异的想象力还有危险的诱惑杂糅在一起。而弗雷德里克·布鲁斯·托马斯是另一个迷人的角色，他原本是密西西比河畔一位黑奴之子，在成年后前往芝加哥、伦敦、巴黎讨生活，是那个由轮船、电报、报纸构成的全球化的冲浪者。他在1899年的莫斯科找到了自己的立足点，不仅娶了一个俄罗斯姑娘，还开办了一家声名大噪的夜总会，考虑他的肤色，这实在是个惊人的成就。当他被难民的浪潮推到伊斯坦布尔时，他甚至复制了莫斯科的成功，他创办了本地最受欢迎的爵士酒吧，在他去世时，《纽约时报》称他为“爵士乐的苏丹”。

在《佩拉宫的午夜》中，充满这样的迷人例子，它是现代伊斯坦布尔，也是现代土耳其的缩影，是“东方与西方、帝国和共和国、怀旧与创新”交汇之处，而帝国陷落前的余晖也是最令人神往的一刻。

图书在版编目（CIP）数据

游荡集 / 许知远著. —长沙：湖南文艺出版社，2019.8（2021.4重印）
ISBN 978-7-5404-9223-6

Ⅰ. ①游… Ⅱ. ①许… Ⅲ. ①随笔—作品集—中国—当代 Ⅳ. ①I267.1

中国版本图书馆CIP数据核字（2019）第080865号

上架建议：文学·游记

YOUDANG JI
游荡集

作　　者：许知远
出 版 人：曾赛丰
责任编辑：薛　健　刘诗哲
监　　制：于向勇　秦　青
策划编辑：王远哲
文字编辑：包　晗
营销编辑：刘晓晨　刘　迪　初　晨
版式设计：潘雪琴
内文排版：麦莫瑞
封面摄影：尤明慧
封面设计：Gervision 格局视觉
出版发行：湖南文艺出版社
（长沙市雨花区东二环一段508号　邮编：410014）
网　　址：www.hnwy.net
印　　刷：三河市中晟雅豪印务有限公司
经　　销：新华书店
开　　本：875mm × 1270mm　1/32
字　　数：164千字
印　　张：7.5
版　　次：2019年8月第1版
印　　次：2021年4月第2次印刷
书　　号：ISBN 978-7-5404-9223-6
定　　价：45.00元

若有质量问题，请致电质量监督电话：010-59096394
团购电话：010-59320018